Hanns Walter Huppenbauer

Jakob Sessing möchte heiraten und andere Heiratsgeschichten ...

AF571677

Hanns Walter Huppenbauer

Jakob Sessing möchte heiraten und andere Heiratsgeschichten ...

Fromm Verlag

Impressum / Imprint
Bibliografische Information der Deutschen Nationalbibliothek: Die Deutsche Nationalbibliothek verzeichnet diese Publikation in der Deutschen Nationalbibliografie; detaillierte bibliografische Daten sind im Internet über http://dnb.d-nb.de abrufbar.
Alle in diesem Buch genannten Marken und Produktnamen unterliegen warenzeichen-, marken- oder patentrechtlichem Schutz bzw. sind Warenzeichen oder eingetragene Warenzeichen der jeweiligen Inhaber. Die Wiedergabe von Marken, Produktnamen, Gebrauchsnamen, Handelsnamen, Warenbezeichnungen u.s.w. in diesem Werk berechtigt auch ohne besondere Kennzeichnung nicht zu der Annahme, dass solche Namen im Sinne der Warenzeichen- und Markenschutzgesetzgebung als frei zu betrachten wären und daher von jedermann benutzt werden dürften.

Bibliographic information published by the Deutsche Nationalbibliothek: The Deutsche Nationalbibliothek lists this publication in the Deutsche Nationalbibliografie; detailed bibliographic data are available in the Internet at http://dnb.d-nb.de.
Any brand names and product names mentioned in this book are subject to trademark, brand or patent protection and are trademarks or registered trademarks of their respective holders. The use of brand names, product names, common names, trade names, product descriptions etc. even without a particular marking in this work is in no way to be construed to mean that such names may be regarded as unrestricted in respect of trademark and brand protection legislation and could thus be used by anyone.

Coverbild / Cover image: www.ingimage.com

Verlag / Publisher:
Fromm Verlag
ist ein Imprint der / is a trademark of
OmniScriptum GmbH & Co. KG
Heinrich-Böcking-Str. 6-8, 66121 Saarbrücken, Deutschland / Germany
Email: info@frommverlag.de

Herstellung: siehe letzte Seite /
Printed at: see last page
ISBN: 978-3-8416-0597-9

Copyright © 2015 OmniScriptum GmbH & Co. KG
Alle Rechte vorbehalten. / All rights reserved. Saarbrücken 2015

HANNS WALTER HUPPENBAUER

Jakob Sessing möchte heiraten

und andere

Heiratsgeschichten

aus 200 Jahren

BASLER MISSION

2015

NOT UMS HEIRATEN?

In den letzten Jahren ist viel über Frauen in der Mission und die „Missionsbräute" geschrieben worden[1]. Wichtig war ja, endlich Stimmen der im Schatten ihrer Männer verborgenen Frauen zu hören. Besonderes Interesse – weil für uns heute kaum mehr nachvollziehbar – erregte auch das ganze System der Heiratsvermittlung durch das Komitee der Missionsgesellschaft. Ein System, das nach Aussagen spitzer Zungen Namen von möglichen Bräuten in Schubladen sammelte, um im konkreten Fall auf eine rechte Auswahl zurückgreifen zu können, worauf schliesslich die Bezeichnung „Schublädles-Bräut" klar genug hinweise.

Es gibt darüber Geschichten, solche die uns heute erschauern lassen[2], andere, die uns im Herzen erfrischen, weil sie auch die Brüchigkeit eines solchen Systems an den Tag legen[3]. Wir wissen inzwischen einiges über die Ehrfurcht, die solche Missionsbräute den Herren Missionaren, denen sie zugeführt wurden und die sie zum Teil ja noch gar nicht kannten, entgegenbrachten, oder die Angst vor der ersten Begegnung verbunden mit der bangen Frage, wie das wohl in diesem Afrika oder sonst wo in der Fremde sein möge.

Was aber wissen wir über jene jungen Männer? Wie war denn das für sie, wenn sie im Seminar ganz sicher keinen Gedanken an eine mögliche Liebschaft zu einer Frau ver(sch)wenden durften, nachher zuerst als Zölibatäre auf einsamem Posten im fernen Land arbeiten sollten, um erst dann und demütiglichst bei „der geehrten Committee"[4] um die Erlaubnis, „heurathen zu dürfen", nachsuchen konnten? Was ging in ihnen vor, wenn ihnen die Erlaubnis nicht erteilt wurde? Oder aber wenn sie diese erhielten und auch ein Name genannt wurde, sei es aus der Schublade, oder von einer speziell für den Anfragenden gesuchten Braut? Und vor allem,

---

[1] Waltraud Ch. Haas, Erlitten und erstritten. Die Befreiungsbewegung von Frauen in der Basler Mission 1816-1916, Basel 1964; daselbst weitere Literatur. Simone Prodolliet, Wider die Schamlosigkeit und das Elend der heidnischen Weiber, 1987. Dagmar Konrad, Missionsbräute. Pietistinnen des 19. Jahrhunderts in der Basler Mission. New York, München etc. 2001.

[2] Vgl. den Film „Feuer im Paradies"

[3] Etwa die Geschichte der späteren Martha Pfleiderer, Gärtnersfrau im Kleinbasel, die in jungen Jahren jedes Jahr ans Missionsfest nach Basel kam in der Hoffnung, „entdeckt" zu werden! Oder die beiden Töchter des Joh. Hoch-Bohny, Stadtamman von Liestal, Margarete und Susette, die beide mit Missionaren liiert waren, oder liiert zu sein meinten. – Und andere: Jener Missionar, der nachdem er seine zukünftige Schwiegermutter kennen gelernt hatte, die Missionsleitung bat, ihm eine andere Braut zu suchen; oder jener in Indien, der sich dort selber eine suchte, heiratete und schliesslich Hals über Kopf heimreisen zu dürfen bat, weil die Frau dauernd mit andern Männern Affären (und Kinder) hatte.

[4] So die damals übliche Rede- und Schreibweise.

wenn im gleichen Gebiet die einen verheiratet waren (weil im Dienst einer andern Gesellschaft), dies ihnen aber (noch) verwehrt war?

In meinen Studien zur Basler Mission bin ich auf mancherlei Geschichten gestossen, die in diese Fragen aber auch in die Heirats-Praxis der Basler Mission Einblick geben. Davon will ich im Folgenden berichten.

Als Quellen dienen dabei die persönlichen Tagebücher, Briefe und Gesuche der jungen Missionare, sowie Briefe der Missionsleitung und Notizen in den Komitee-Protokollen. Dazu gab auch die Publikation von Rosmarie Gläsle (Enkelin einer Schwester meiner Mutter) *„Pauline und ihre Töchter"*, Erlangen 2009, viel Information über Briefe und Erinnerungen aus Familienbesitz, die das Missionsarchiv in Basel so nicht besitzt.

Zunächst aber doch noch ein Blick auf eine junge Frau aus meiner eigenen Familie, aus deren Geschichte wir erkennen, wie viele Missionsbrüder dazu kamen, junge Frauen kennen zu lernen, ohne an eine spätere Heirat denken zu dürfen; aber auch, wie sehr offensichtlich viele fromme Mädchen darauf erpicht waren, etwas für das Reich Gottes zu tun und dies in der Heirat mit einem Missionar zu erleben sicher waren.

Hanns Walter Huppenbauer

Affoltern a. A. im August 2015

SUSETTE HOCH AUS LIESTAL

In Tagebuchnotizen und Briefen anderer Leute von 1825-29 bin ich ihr begegnet. Ihr Schicksal hat mich getroffen. Ich versuche, ihr Umfeld und ihre fromme Ergebenheit, die überhaupt nicht mein Ding ist, zu verstehen.

Eigentlich eine verrückte Zeit, in der diese Frau geboren wurde. Kurz vorher hatte ihr Onkel, Uhrmacher in Liestal, der Baselbieter Revolution von 1796 zum Durchbruch, und den Baselbietern zu gleichen Rechten, wie sie die Städter hatten, verholfen. Bald darauf haben die gleichen Baselstädter diese Rechte zurückgenommen und die Baselbieter wieder zu Bürgern 2. Klasse degradiert. Mitten in diese Auseinandersetzungen hinein ist sie 1802 in Liestal, dem Hauptort des Baselbiets, geboren, als Tochter des Johannes Hoch, Bäcker oder Tuchfabrikant und später ebenfalls Schultheiss von Liestal und Deputierter im helvetischen Senat, und der Barbara Bohny geboren. Eine Zeit der Veränderungen, der Kriege und auch der dadurch bedingten Krankheiten, und einer durch einen Vulkanausbruch im fernen Indonesien verursachten Hungersnot, die auch in der Schweiz Tote forderte. Susette Hoch – ein Mädchen, dessen Name doch eigentlich eher Sonnenschein erahnen lässt, geboren in einer so unsicheren Zeit.

Drei Schwestern waren da und jedenfalls ein Bruder, Johannes. Sein Name wird erwähnt, die der Schwestern bleiben verborgen, bis einer kommt und sie enthüllt. Obwohl Vater Hoch ein wichtiger Mann im Baselbiet und der Helvetischen Republik ist, gehört „man“ zur Brüdergemeine und pflegt eine tiefe und innige Frömmigkeit. Susette geht in Liestal zur Schule, soweit das für Mädchen überhaupt möglich war. Vor allem aber besucht sie den Unterricht beim Pfarrer. Da sind auch andere, z.B. Buben. So auch der Jakob (Sessing), einst mit seinen Eltern aus Deutschland nach Basel gekommen, hat er mit 6 Jahren den Vater verloren, mit 10 auch noch die Mutter, beide an der „Schwindsucht“ gestorben. Als Vollwaise kam er zu frommen Leuten und erlernt jetzt in Liestal den Beruf eines Instrumentenbauers. Seine Augen sind wach und offen. Er sieht die Susette. „Ich liebte sie von Anfang an“, schreibt er später, „um ihres aufrichten Charakters und redlichen Sinnes willen.“ Susette – ein liebenswertes Mädchen und erst noch aus gutem Haus.

Hat Susette einen Beruf erlernen können? Das weiss ich nicht. Familienchroniken dieser Zeit reden ja von Töchtern selten oder nie. Hat sie im Betrieb des Vaters etwas gelernt? Stricken und nähen kann sie. Nur das geht aus andern Notizen hervor: In ihres Vaters Haus gehen Gäste aus und ein. Auch junge Männer aus dem Missionshaus in Basel sind zu Gast bei den „lieben Hochs in Liestal“.[5] Da spricht man schnell vom „Dienst im Weinberg des Herrn“ unter den Heiden. Bruder Johannes wird Pfarrer – die Schwestern träumen erst von solchem Dienst. Mission? – das wäre mehr, als nur einmal irgendwem verheiratet zu werden, Kinder zu haben, für den Mann zu kochen und all das. Im Dienst des Herrn – das gäbe dem Leben doch noch viel mehr Sinn. Nur – wo denn ? Als Pfarrersfrau? Als Frau gar eines Missionars? Gefahrvoll zwar, doch deshalb umso Werte-reicher? Andere haben das schon vorgemacht.

Einer von denen, die auf Besuch kommen, ist Friedrich Fletnitzer, ein Basler „Zögling“, bereit für den Dienst im Kaukasus. Im Januar 1825, kurz vor seiner Abreise schreibt er ans Basler Komitee, sie möchten doch, wenn er dann nach 2 Jahren heiraten dürfte an die Jungfer Susette Hoch in Liestal denken. So weit so gut. Nur, er scheint auch Avancen bei Susette gemacht, mit der Familie darüber gesprochen zu haben, und Susette hatte zugestimmt. Für sie wohl Erfüllung in mancher Hinsicht: Einmal: Heiraten ist doch Grundziel im Leben einer jungen Frau; so aber auch Erfüllung der Sehnsucht jemand zu sein in Gottes Weinberg; und aus der kleinen Stadt Liestal in die grosse Welt zu kommen. Der Bräutigam ist zwar keine reiche Partie, aber einer mit dem rechten Glauben.

Er reist weg nach Zürichthal auf der Krim und tut dort seine Arbeit; sie in Liestal fängt an ihn zu lieben. Sie weiss sich ihm versprochen. Das zählt. Gelegentlich schreibt er. Nur Briefe brauchen schrecklich lang, manchmal fast ein Jahr, bis Antwort kommt. Das bringt viel Unsicherheit mit sich. Er schreibt von Wertschätzung, nicht aber von Heirat. Einmal warnt er sie vor der Schwärmerei, er habe gehört, dass sie sich dieser Strömung öffne. Vielleicht suchte sie die tiefe Sehnsucht durch die Religion zu stillen, oder Heilung zu finden für ihre schwache Gesundheit. Der Missionsleitung, die den Missionar dafür rügt, schreibt er, er habe nur Ratschläge erteilt. Denn falls er die Susette heiraten sollte, dann doch ganz gewiss nicht eine, die der Schwärmerei huldigt. Niemals.

Susette wird darüber krank. Da spricht ihr Bruder, inzwischen Pfarrer in Maisprach, ein Machtwort. Er schreibt seinerseits dem Missionar in Zürichthal. Zwei Jahre warte die Susette auf klare Zeichen von ihm. Er möge reinen Tisch machen: Entweder ein klares Ja zur Heirat, oder ein klares Nein und sie dann frei geben.

---

[5] . Mindestens drei Namen kennen wir: Fletnitzer, Tritschler und Sessing.

Da kommt der Jakob wieder vorbei. Er ist jetzt, 1827, auch zum Missionar ausgebildet und macht Besuche, um Abschied zu nehmen, auch bei den „lieben Hochs“. Von den Schwestern wird er gar herzlich empfangen. Sie überraschen ihn mit kleinen Geschenken, nähen ihm ein Strumpfband, das ihm noch fehlt. Er spürt, wie das kleine Flämmchen in seinem Innern sich regt. Ein abendliches Gespräch – ach wie gut sie sich verstehen, sie in ihrem Leid, er im Schmerz allein wegreisen zu müssen. Nur – Susette ist ja versprochen.

Dann die Antwort des „Bräutigams“. Zornig fragt er den Bruder, was das mit dem Brief soll, beschwört seine Liebe zu ihr, dass er nun sein Liebstes aufopfere, damit sie frei sein könne. Susette wird wieder krank. Ihr Bruder holt sie zu sich nach Maisprach, damit sie in der Ruhe des Landes wieder genesen könne. Gerüchte munkeln, der Fletnitzer werde die junge Witwe des verstorbenen Missionars Durs Börlin heiraten. Sie aber will nicht. Da wacht neue Hoffnung auf bei Susette. Im Herbst 1828 jammert Fletnitzer dem Komitee vor, wie allein gelassen und ohne Hilfe er sei. Wenig später jedoch ist er verheiratet, mit einer deutschen Frau aus der Gegend. Frühsommer 1829 wird’s, bis Susette weiss, dass ihr „Bräutigam“, den sie treu und innig geliebt hatte – so steht es in einem Brief – sie „in Untreue verlassen“ habe.

Eben da kommt der Jakob wieder auf den Plan. Eines Kollegen wegen musste er von Westafrika nach Basel reisen. Er möchte heiraten. An die Susette denkt er nicht, die sei ja einem andern versprochen. Plötzlich erhält er Nachricht, die Schwestern Sophie und Susette Hoch möchten ihn sehen. Er trifft sie beide in Tränen aufgelöst: Die eine, weil sie frisch verheiratet nun das Elternhaus verlassen soll, und Susette mit gebrochenem Herzen, von ihrem Liebsten „verlassen“. Was kann, was soll er dazu sagen? Schweigend setzt er sich zu den beiden. Ihr sagen, dass er ja auch noch da sei, kann er in diesem Moment nicht. Und so geht sein Weg weiter in andere Richtung. Susette aber wird später die Frau eines Pfarrers in Basel.

.

Nun aber zum Missionshaus mit seinen Brüdern!

*

DAS PROBLEM DER RUSSLAND BRÜDER

DAS MISSIONS-INSTITUT IN BASEL

Als die Basler Mission 1815 im Pfarrhaus zu St. Martin in Basel gegründet wurde, war ein Missions-*Institut* geplant. Junge Männer aus handwerklichen Berufen sollten für den Missionsdienst ausgebildet und an Missions-*Gesellschaften* zur Aussendung weitergegeben werden. Das schien der einzige Weg zu sein, wie ein Land ohne Kolonien sich am Aufbau des Reiches Gottes in der weiten Welt beteiligen konnte. Auf Anregungen aus England hin wird aus dem Missions-Institut eine Gesellschaft mit eigenem Arbeitsgebiet, Südrussland. Mit den deutschen Gemeinden dort und der armenischen Kirche könnte eine Basis für die Mission unter den tatarischen Muslimen und in Persien aufgebaut werden; das ist das Ziel. 1821 werden die ersten „eigenen" Missionare, A. Dittrich und F. Zaremba, wenig später vier weitere ausgesandt.

Bis dahin hatte sich die Missionsleitung mit Heiratsfragen ihrer ehemaligen Zöglinge eigentlich nicht zu befassen, dies war Aufgabe der anderen Gesellschaften. Die englischen Gesellschaften rieten ihren Missionaren gelegentlich sogar, noch vor der Ausreise zu heiraten. Für die in holländischen Diensten gab es da keine Probleme, auch nicht, wenn sie einheimische Frauen des Arbeitsgebietes heirateten.[6] Auch in Südrussland konnten z.B. die Missionare Durs Börlin und Heinrich Dietrich heiraten[7] – weil im Dienst anderer Institutionen stehend. Als aber die beiden Schweizer, Heinrich Benz (BV 20) und Rudolf Fr. Hohenaker (BV 19) Ende 1822 bei der *„sehr verehrten Committee"* um die Erlaubnis, heiraten zu dürfen, nachsuchten, löste dies Verwunderung und Befremden und einen lange währenden Briefwechsel aus.

HEINRICH BENZ UND RUDOLF HOHENACKER

Es war etwas anderes, junge Männer auszubilden und sie weiterzugeben, oder selber Verantwortung zu tragen für ein ganzes Arbeitsgebiet. Da wurden strategische Fragen wichtig: Wie soll diese Arbeit aussehen? Was braucht es alles? Die Instruktion, die den Brüdern für die südlichen Provinzen Russlands mitgegeben worden war, zeigte Offenheit, verbunden mit einer gewissen Naivität, nämlich, dass die Erfolge wohl nur so herunterpurzeln würden. Als dies nicht geschah,

---

[6] Zum Beispiel Johann Jakob Bär (BV 7) in den Molukken.

[7] Auch Br. Tritschler BV 82, mit Margareta Hoch aus Liestal (Susettes Schwester) verheiratet, der jedoch 10 Tage nach der Heirat starb.

wurde man in Basel unruhig. Auch unter den Zöglingen im Seminar regten sich vorher unbekannte Tendenzen: War vielleicht die ganze Methode falsch? Müsste man nicht nach „Apostels Weise“ und folglich als Wanderprediger von Ort zu Ort ziehen und das Evangelium anbieten?[8] Und da kommt zu allem hin noch diese Anfrage der beiden Brüder Benz und Hohenacker ins Haus, sie möchten gerne heiraten, *„kaum hatten sie den Saum der Missionsarbeit kennen gelernt.“* Das ging nun doch etwas zu weit!

Heinrich Benz und Rudolf F. Hohenacker kommen beide aus der Schweiz, aber mit völlig verschiedenem Hintergrund. Benz, ursprünglich aus dem westlichen Thurgau, aus ländlichen Verhältnissen, als Halbwaise aufgewachsen, tief gläubig und möchte als Kind, bei einer schweren Krankheit möglichst bald *„zum Heiland gehen“*, ist aber fasziniert von der französischen Revolution, scheint auch sonst begeisterungsfähig zu sein. Aus tiefem Glauben heraus kommt er zur Mission. Hohenacker, mit einem ursprünglich deutschen Hintergrund, wächst als Städter auf, kann gute gute Schulen besuchen, will Arzt[9] werden, was allerdings wegen Problemen mit dem Stadtarzt von Zürich nicht ganz gelingt. Er ist immer wieder von Zweifeln umgetrieben, irrt während der napoleonischen Kriegswirren in der Schweiz von Ort zu Ort, bis er auf Anregung eines Verwandten sich in die Mission meldet, wohl in der Hoffnung, dort seinen Glauben festigen zu können. Er wird dort trotz allem aufgenommen.

So verschieden sie sind – sie haben beide in gleicher Weise Mühe mit ihrer Sexualität. Sowohl Kollege August Dittrich wie Felician Zaremba bezeugen, dass beide deswegen grosse Seelennot gelitten hätten. Die fünf Missionsbrüder in Südrussland kommen gut aus miteinander und sprechen sich gegenseitig aus, so kam auch dies zu Tage. Und weil z.B. die schottischen Kollegen in Astrachan und Karass auch verheiratet sind, erwägen sie für sich diese Möglichkeit, nicht zuletzt, weil sie überzeugt sind, damit ihre Seelennot heilen zu können. Sie haben früher schon geschrieben, bitten im Herbst 1822 um Heiratserlaubnis und hoffen auf möglichst baldige Antwort. Wie die nicht eintrifft, schaltet sich auch Br. A. Dittrich (als Leiter) am 14. April 1823 ein:

> „In der Tat, wir harren alle einer väterlichen und bestimmten Antwort über die wichtigen Fragen, die wir ihrem Herzen und Nachdenken dargeleget haben, und

[8] In der Missionsleitung sicher von Spittler und Prof. Lachenal vertreten, unter den Seminaristen von den Brüdern Kugler und Müller, die ohne Gesellschaft im Hintergrund nach Afrika ausreisen wollten; und 1823 das Komitee in einer an die Brüder in Russland ausgehenden neuen Weisung.

[9] „Arzt“ entspricht zu diesem Zeitpunkt nicht unserm Arzt (=Mediziner). Wer Arzt wird, geht zu einem Arzt in die Lehre, nicht an die Universität. Er hat auch so Prüfungen abzulegen. Wer an der Universität Medizin studiert, ist nachher ein Medicus. Was wer tun darf, ist genau geregelt.

deren Beantwortung auf unsre ganze Begründung u Stellung sowohl als auch unmittelbar auf das Gemüth u Wirken mehrerer Brüder einen unberechenbaren Einfluss haben wird. Wenn mit der morgigen Post kein Schreiben angelanget, werden mehrere unter uns gar sehr betrübt werden."

Ob der erhoffte Brief wirklich eintraf, wissen wir nicht. Sicher aber ist, dass das Komitee sich im Laufe des Januars 1823 in drei aufeinanderfolgenden Sitzungen mit der Frage beschäftigt und, nachdem ein gewisser Konsens erreicht worden war, auch bestimmte Voraussetzungen für die Heirat eines Missionars festgehalten hatte. Inspektor Blumhardt hatte nach der zweiten Sitzung einen Entwurf vorgelegt, der durch das Komitee in der dritten Sitzung in drei Punkten verschärft wurde: Eine längere Probezeit, Nachweis über die Niederlassung, und Veränderungen, die durch das Komitee jederzeit vorgenommen werden können. Noch bevor Blumhardt dies den Brüdern mitteilen konnte, übernahm es der Präsident des Komitees, Pfr. N. von Brunn, den beiden Brüdern zu schreiben.

AUGUST DITTRICH

Anfangs 1823 hatte sich auch Aug. Dittrich gemeldet. Als er in die Mission aufgenommen wurde, hatte er ein abgeschlossenes Universitätsstudium hinter sich, galt dazu als äusserst sprachbegabt und wurde gleich nach Paris und London für weitere Sprachstudien geschickt. Erst dann kam er – nur für kurze Zeit – ins Seminar nach Basel. Schon bei seinem Eintritt in die Mission war er verlobt. Dies war unter gewissen Bedingungen auch anerkannt und ihm versprochen worden, nach zwei Jahren könne er ans Heiraten denken. Nun kündet er an, dass er entsprechend dem, was ihm seinerzeit versprochen worden, über Deutschland (d.h. über Dresden, wo seine Braut lebt) nach Basel kommen wolle, sobald die nötigen Vorbereitungen für das Missionsunternehmen in Südrussland eingeleitet seien und sie sich für eine feste Niederlassung entschieden hätten. Auch wenn er vor allem die Genesung von verschiedenen Krankheiten betont, so ist doch ziemlich klar, dass er bei dieser Gelegenheit seine Braut „heimführen" möchte. Für ihn – so wird in Basel betont – gälten andere Regeln, weil er schon verlobt in die Mission eingetreten und die Bedingungen mit seiner Braut zusammen akzeptiert habe.

Wie jedoch im Mai sein Brief in Basel eintrifft, löst auch er Befremden aus. Die Prüfungskommission hatte ihn relativ wohlwollend entgegengenommen, hätte allerdings, da alles langsamer von statten ging als erhofft, Dittrich gerne noch länger in Grusien gesehen, wollte aber seiner Gesundheit wegen auf seinen Wunsch eingehen. Anders im Komitee (Prot. 1823, 14. Mai, s.30 § 2): Sämtliche Mitglieder äussern ihr

Befremden, und wollen sich an die Zusage, dass er nach 2 Jahren zurückkommen sollte, nicht erinnern. Immerhin sind sie einverstanden, *„wenn es seiner Gesundheit diene"*, dass er nach Abschluss der Vorbereitungsarbeiten für die Mission in Südrussland nach Basel komme, weil das ja auch *„wichtige Aufschlüsse über das Missionsunternehmen"* geben könne. Und falls er es hilfreich finde, könne er auch heiraten, müsse aber die Folgekosten selber tragen.

PFR. N. VON BRUNN AN DIE BRÜDER

Nach den drei Sitzungen des Komitees in Basel zu den Anfragen der Brüder Benz und Hohenacker übernahm dessen Präsident N. Von Brunn den Auftrag, den beiden Brüdern zu antworten. Er versichert die beiden seines Mitgefühls in ihrem Leiden und erwähnt offen das Problem der *„fast unerträglich werdenden Verstärkung des Geschlechtstriebes, welcher ihnen unerhörte Qualen verursacht"*. Die beiden hofften, so fasst er zusammen, in der Verheiratung die Arznei gegen dieses „Leiden" zu finden und bäten nun das Komitee, ihnen diese Arznei zu geben. Das Komitee sei aber nicht überzeugt:

> „ob diese Arzney im gegenwärtigen Augenblik nicht Gift seyn werde, ob die durch Genuss noch mehr gereizte Leidenschaft nicht mehrere Kämpfe verursache, eine für den alten Adam stärkende und belebende Speise erhalte; ob (die Brüder) statt des harten Kreuzes-Holzes ein von weichen Reifen unterlegtes Kreuz Christus nachtragen möchten, dass ihre Schultern nicht wund würden ..."

Aus diesem Grund müssten sie den beiden einige Fragen zum Nachdenken mitgeben.

> „Die erste Frage, die der l(iebe) Br(uder) an s(ein) Herz zu thun hat, ist diese: Hast du dich jemals dem Heiland ganz zum Eigenthum hingegeben, als du in die Missionsschule eintratest? ... Ja wirst du vielleicht sagen: Selige Stunden und Augenblike hatte ich ..."

Speziell an den Bruder Benz gewandt: Er habe doch in Schaffhausen seine Augen auf ein Mädchen geworfen und nachher noch einen Briefwechsel angefangen:

> „... du stelltest in deinem Herzen – in des H Geistes Tempel – einen Götzen neben das Bild des Heilandes. Seit dieser Zeit musstest du nothwendig häufig im Finstern seyn und einen Kampf haben; ... der Heiland ist ein eifriger Gott, der keinen Gözen neben sich leiden kann, & also nicht mehr kämpfen hilft, wenn man selbst gegen ihn kämpft & nicht mit ihm."

Er gibt den beiden seine eigene Erfahrung zu bedenken, dass der Ehestand nicht so einfach sei, wie sie meinen:

„Das Auge der Gattin glänzt nicht immer, wie das Auge der Braut geglänzt hat. Geistes & Körpers Schwächen lassen sie oft nicht Gehilfin seyn, sondern fordern einen Gehilfen. Scheint es dir zu schwer, die Last deines eigenen Herzens zu tragen, wie viel schwerer wird es dir seyn, wenn du noch die Last eines andern tragen musst."

Eindringlich mahnt Von Brunn den Missionsbruder, sich zu entscheiden: Wenn er dem *„Götzen seines Herzens"* mehr vertraue als dem Heiland, dann möge er das tun, müsse dann aber dem Missionsdienst entsagen. Er möge sich dann irgendeine Prediger Stelle suchen, wo er ohne weiteres heiraten könne.

Den Bruder Hohenacker kennt Von Brunn offenbar weniger gut. Ihm gegenüber äussert er sich wesentlich sich kühler:

„Es hätte ihm noch damals, ein halbes Jahr vor der Abreise leicht eine andere Bestimmung gegeben werden können, wodurch das Heurathen nicht erschwert werden würde. Übrigens zeigt auch sein lb. Brief deutlich, dass auch er den Weg zur mehreren Reife verloren hat & durch eigenes Machwerk ihn zu finden hoffet. Anstatt mit den Regungen der Leidenschaft zu zanken, macht er sich als Sünder vor dem Heiland auf die Kniee & sucht kindlich um Vergebung. Sobald der Heiland diese giebt, hört auch der Kampf von selbst auf. Das kränkeln kommt nicht – wenn schon die Vernunft es zu behaupten sucht – von der Unterdrückung des Naturtriebs her, als (vielmehr) von dem Nachsinnen über eine Sache , die schon durch dieses Nachsinnen neue Stärke erhält ..."

Bei allem, was die beiden anführen, hätte das Komitee doch keinen Grund finden können *„der uns bewegen könnte, den vor dem HErrn (früher) gefassten Entschluss abzuändern"*. Er verweist damit vermutlich auf das hier nicht erwähnte Erfordernis, Heirat sei erst möglich, wenn eine feste Station eingerichtet und der Missionar mehrheitlich dort ansässig sei.

Ob dieser Brief die beiden wirklich erreicht hat, wissen wir nicht. Ein späteres Schreiben Zarembas lässt daran zweifeln. Kurz bevor sie sich auf ihre Erkundungsreisen nach Grusien aufmachten, traf jedoch das Schreiben des Inspektors mit den Komitee-Beschlüssen ein.

INSP. BLUMHARDT AN DIE BRÜDER IN RUSSLAND

Hatte N. Von Brunn den Brüdern in seelsorgerlicher Weise klar zu machen, dass die Missionsleitung ihren Wunsch nach Verheiratung nicht positiv beantworten könne, so lag es dem Inspektor Blumhardt ob, die Beschlüsse des Komitees in Sachen Verheiratung, sowie die hinter denselben liegenden Überlegungen bekannt zu machen.[10]

Nach dem Dank für erhaltene Berichte schreibt Blumhardt von Schwierigkeiten, die die Missionsarbeit belasten und mit dem Anliegen der Brüder in Südrussland nichts zu tun zu haben scheinen. Erst auf S. 8 des Briefes kommt er zur eigentlichen Sache, nämlich wie unsicher doch die Art und Weise, Missionsarbeit zu gestalten, sei: Das „Wo und das Wie" der Mission sei noch ganz unklar,

> „und so lang wir keine klarer vom HErrn gezeichneten Umstände des Wo? & des Wie? nicht wissen, so lang müssen wir ... alle Ursache zur gerechten Besorgnis haben, dass unser ganzes Werk sich auflösen müsse, wenn von der Verheuratung unserer theuren Brüder die Rede war."

Da kommt nun allerdings deutlich zum Ausdruck, wie schwer es die Herren Vorsteher in Basel getroffen hatte, als sie vom Heiratswunsch ihrer Missionare in Russland hörten – denn offensichtlich waren sie der Meinung, ihre Leute würden vorläufig um ihres Auftrags willen auf eine Verheiratung verzichten. Hinter den Fragen um das Wie? und Wo? stehen die Überlegungen über ein Missionskonzept *„nach Apostels Weise"*, Mission durch einfache *„Wanderprediger"*, die eine Missionsstation höchstens als einen Zufluchtsort für gelegentlichen Rückzug brauchen. Davon wissen die Brüder in Grusien jetzt allerdings noch nichts. Aber für die Überlegungen des Komitees zur Heiratsfrage ist dies mitentscheidend. Denn nach diesem neuen Konzept könnten sich die Missionare gar nicht richtig niederlassen und würden damit die Grundvoraussetzung für eine Heirat gar nicht erfüllen können.

Unter *„Gebet & Flehen zum Herrn"*, hätten sie in Basel die Sache in drei nacheinander folgenden Sitzungen beraten und danach einige Richtlinien notiert, die er den Brüdern jetzt in den Hauptpunkten mitteile, Details kämen später:

> „Wir gingen bei unsern Berathungen
> 1) von dem Allgem. Grundsatz aus, dass alle Brüder aus dem Gesichtspunkt gleicher Befugnisse im Verhältnis zu uns. Comm. betrachtet werden müssen,

[10] CB, Q -3-1,1, s. 271ff & 288ff, genaues Datum nicht vermerkt

und dass die Heurathsgestattung nicht als besondere Begünstigung des Einzelnen betrachtet werden dürfe.

Wir waren alle der Überzeugung

2) dass von einem Coelibats-Zustand in uns. Gesellschaft nicht die Rede sein könne und die Zulässigkeit der Verheurathung zugegeben werden müsse.

Wir verhehlten uns nicht

3) dass in manchen einzelnen Fällen das Heurathen anerkanntermassen Vortheile gewähret & die Missionssache befördere, dass aber dabei

4) ebenso anerkanntermassen gewisse Voraussetzungen stattfinden müssten, ohne welche die Verehelichung eines Missionars Thorheit & Sünde sey. Diese Voraussetzungen lassen sich

5) unter den beyden Fragen Wo? & Wie? zusammenfassen, die ausführlicher im Protokoll nebeneinander gezeigt worden sind. Das WO? betrifft hauptsächlich die Erfordernisse einer regelmässig bewohnten Missionsstelle im Gegensatz gegen das berufsmässig wandernde Missionsleben; das WIE? bezieht sich auf die Erfordernisse eines klaren Beweises, dass die Berufspflichten des Missionars nicht in fortgesetzte & nothwendige Collision mit seinen Pflichten als Gatte & Vater treten.

Dabei konnte sich uns. Committee

6) ebensowenig verhehlen, dass in der Regel sämtl. Engl. & Holländ. Miss. Gesellschaften & auch die Brüdergemeine mit dem Heurathen ihrer Missionare in andern und grosszügigeren Verhältnissen stehen als uns. Gesellschaft, in dem sie

a) entweder auf eigenem Grund & Boden arbeiten & nicht bloss toleriert sind,

b) ihre verheuratheten Missionare in der Kirche ihres Vaterlandes incorporiert werden

c) oder in Gegenden arbeiten, wo die Missionare als Europäer einen höheren Werth haben und Anstellungen genug finden können, etc.

Alle diese erleichternden Umstände träfen für die Basler Mission nicht zu. Dennoch möchten sie am Grundsatz festhalten, dass den Missionaren die Verheiratung erlaubt sein soll. Dafür müssten aber einige Bedingungen erfüllt sein und wolle die Gesellschaft im Vertrauen auf Gott auch gewisse Vorkehrungen treffen.

*

HEIRATSREGLEMENT VOM FEBRUAR 1823

Nach einer allgemeinen Aussprache in der Missionsleitung hatte das Komitee in der dritten Sitzung Blumhardts Entwurf um einige Punkte verschärft. Dennoch, „im Vertrauen auf den HErrn und weil die Sache legitim sei", wolle die Gesellschaft den Grundsatz festhalten,

> „dass den Missionaren unserer Gesellschaft die Verheurathung unter folgenden Bedingungen gestattet seyn solle":[11]
>
> 1. Jeder unserer Brüder, welche in den Dienst uns. Gesellschaft treten, soll nach Massgabe seiner innern & äusseren Umstände zuerst unverheurathet in einer Probezeit von 3-5 Jahren mit redlicher Treue im Missionsgebiet gearbeitet haben, ehe er um Verehelichung einkommen kann.
> 2. Jeder, der sich verheurathen will, soll nach den im Protokoll angegebenen Bestimmungen des Wo? & Wie? seine häusliche Niederlassung im Missionsgebiet zu beurkunden im Stande seyn,
> 3. Jeder unserer Missionarien soll ehe er sich verheurathen kann, für sich & seine künftige Familie entweder in dem Land, wo er arbeitet, oder in seiner Heimat bürgerlich ansässig seyn & die Dokumente dafür bei der Committee hinterlegen.
> 4. Jeder Bruder, der künftig in den Dienst unserer Missionsgesellschaft eintreten soll, muss einen kirchlichen Beruf oder ein bürgerliches Handwerk auf solche Weise erlernt haben, dass er sich auch bei seinem Austritt aus dem Dienst unserer Gesellschaft ehrlich zu ernähren vermag.
> 5. Sogleich beim Eintritt in den Dienst uns. Gesellschaft soll für jeden Missionar von unserer Committee jährlich eine zu bestimmende Summe für die Wittwen & Waisenkasse eingelegt & bei seiner Verehelichung demselben eine bestimmte jährlich ausgewiesene –(Summe)?- ausgeworfen & dabei der jährliche Beitrag an die Witwen-& Waisenkasse berücksichtigt werden – der letztere Punkt wird von unserer Committee weiter entwickelt & fixiert werden."

Eigentlich einleuchtende Bestimmungen: Die Probezeit von 3-5 Jahren entsprach der Praxis verschiedener Kirchen und der Mission der Methodisten. Absatz 2, 4 und 5 sorgen für den Schutz der Frau und allfälliger Kinder; Absatz 4 auch dafür, dass der Mission nicht unerwartete Folgekosten entstehen. Absatz 3 ist für uns heute fast selbstverständlich, dient aber wohl auch dem Schutz der Missionsgesellschaft, und Absatz 5 schliesslich zeigt in der Altersvorsorge auch eine soziale Ab-

[11] So die von Blumhardt mitgeteilte Kurzfassung (CB 1823, S.281ff, BMA Q-3-1,1). Die §§ 1 und 3 sind durch das Komitee gegenüber dem Entwurf Blumhardts wesentlich verschärft worden (CP 1823, S. 8, 3. Sitzung v. 29. Jan.)!

sicherung der Mission und der Missionare. Aus andern Quellen wissen wir, dass im Basler Komitee die Theologen die Verheiratung eher *„recht und billig"* (im Sinn berechtigt) ansahen, die Kaufleute jedoch der zusätzlichen Kosten wegen eher zurückhaltend waren: Den Luxus einer Verheiratung könne man sich nicht leisten. Solche Vorbehalte könnten hinter Punkt 1 und 3 stehen.

*

Es stellen sich mir dazu einige Fragen:
- Wenn Mission plötzlich nach „Apostels Weise" betrieben werden soll, wie es der nächste Brief an die Brüder andeutet (den sie erst im September erhalten), dann heisst das, dass Missionare gar nie heiraten können, weil sie ja keinen festen Wohnsitz, sondern höchstens einen Zufluchtsort nachweisen können. Da ist ein solches Reglement reine Augenwischerei.
- Und: Aus Kostengründen war die Missionsleitung etwas später nicht erfreut über die „unerlaubte" Heimschaffung eines kranken Bruders. Hiess das, dass sie eh nicht damit rechnete, dass ihre Missionare je gesund heimkommen, sondern sowieso in kurzer Zeit auf dem „Feld" sterben würde? Dann wäre auch die Probezeit nichts anderes als ein Mittel zur Verhinderung.
- Schliesslich: Die Verheiratung der Missionare wird als legitim beurteilt, dem Missionar aber, der sich verliebt, dies als Sünde angerechnet, er habe damit im Herzen neben das Bild des Heilands einen Götzen aufgestellt. Auch der Brief des Präsidenten Von Brunn lässt die Brüder in ihrem „Leiden" letztlich allein. Da wundert es nicht, dass die Antwort aus Tiflis keine freudige Bestätigung des Willens der Committee war – sie hatten die Fragwürdigkeit dieser Antwort durchschaut.

*

DIE BRÜDER WEHREN SICH

Im April, gerade noch bevor sie sich für verschiedene Aufgaben trennten, erhalten die Brüder Blumhardts Antwort auf ihre Heiratswünsche. Die Enttäuschung ist gross. Sie fühlen sich nicht ernst genommen. Fragen werden laut: Ist das die Antwort einer vorgesetzten Behörde, die sich um ihre Leute kümmert? Kann eine christliche, auf dem Geist Christi gründende Gesellschaft so mit ihren Leuten umgehen? Es ist weniger der Inhalt, als die Art und Weise, das Vorgehen, an dem sich die Brüder stossen. Im Namen der Brüder schreibt Dittrich am 27. Juni aus Tiflis – eine schwere Anklage an die Missionsleitung.

Mitspracherecht?[12]

„Es hat uns insgesamt den einen wie den anderen ohne Ausnahme aufs heftigste in Verwunderung versetzt, wie die Committee jezo, nachdem sie 5 Missionare ausgesendet hat, solche Bedingungen u Geseze des Missions-Berufs feststellet, von denen sie zur Zeit der Aussendung keiner Sylbe Erwähnung gethan hat. Wären es jedoch Geseze, die von selbst im Werke Gottes liegen, dann wären sie noch anzunemen, aber das sind die uns zugesendeten keineswegs. Wir sind weit entfernt zu glauben, dass die Committee menschliche Geseze machen könne, ohne Zustimmung u Annahme der Missionare, die bereits in ihrem Dienste sind und arbeiten …"

Warum erst jetzt?

„Dass die Sache erst jetzt zur Sprache komme, sei ein Verschulden der Committee. Als die Brüder noch in der Anstalt waren, (beschäftigte sie die Sache), u so mancher that zur selben Zeit schon Schritte, die so leicht ins Unrecht ausgleiten konnten. Warum? Weil keine Person in der Anstalt noch in der Committee war, die sich mit väterlicher Liebe des Seelen- u Herzenszwangs der einzelnen Brüder angenommen hätte, alles ging aufs Lernen u Wissen hinaus, aber das Wesen des Menschen, des Christen, des Missionars ward übersehen. Darum war in den meisten Zöglingen kein Zutrauen zu den Gliedern der Committee, noch weniger das Band der wahren herzlichen Liebe. Darum wagte auch selten einer diesen Punkt seines Herzens u seiner inneren Leiden deswegen jemandem zu eröffnen."

Wo ist der Geist Christi?

„Ist nun Ihr letztes Schreiben geeignet, diesen grossen Schaden zu heilen? Zeuget es von dem ächt evangelischen Glaubens-Sinne u der daraus fliessenden wahren christlichen Liebe, ohne welche eine Missionsgesellschaft nichts anderes ist als ein Gebäude auf Sand gebaut? Gerade da ist der Punkt, der alle Brüder insgesammt am allermeisten geschmerzet hat: Alle vorgeschlagenen Geseze zeugen deutlich davon, dass die Gesellschaft in Gefahr stehet, die Basis ihrer Existenz, d.i. den Glauben, zu verlieren und sich dagegen auf menschliche Fundamente der Finanz u Politik zu erbauen. Mein Herz ist dadurch ungemein betrübt worden, dass der menschliche Geist sich also an Gottes Stelle sezet, und das in der Einfalt des Glaubens in dem HErrn u für Ihn begonnene u von ihm so sichtbar bis hieher gesegnete … Werk also zu regieren, umzukehren u eben damit zu zertrümmern anfängt …"

[12] Untertitel vom Verf. Inhalt leicht gekürzt

Falls *„die Committee"* diese Vorschriften verbindlich einführen wolle, würden sie sie jedenfalls nicht annehmen und allenfalls den Dienst der Gesellschaft verlassen.

Das ist nun allerdings starker Tabak!

Da wird nicht nur das Vorgehen der Leitung, sondern auch ihr Autoritätsanspruch hinterfragt und dem gegenüber ein Mitspracherecht für die Abfassung solcher Reglemente mindestens der schon im Dienst stehenden Missionare gefordert – ein grober Verstoss gegen das grundlegende Ordnungsprinzip der Mission. Entsprechend ist die Reaktion in Basel.

AUFREGUNG IN BASEL

Am 12. Oktober trifft Dittrichs Antwort der Brüder aus Tiflis in Basel ein und löst helles Entsetzen aus. Noch gleichen Tags legt Blumhardt den Brief aus Tiflis der Prüfungskommission zur vorläufigen Beratung vor (BM Prot. 1823, S. 83, § 8). Die reagiert entrüstet, weil Dittrich findet, schriftliche Erklärung sei nicht mehr möglich,

> „sondern dass es mündlich geschehen müsse ... (Darauf) folgen bittere Klagen über die Cé. Die 5 Brüder seyen sehr betrübt worden über die Bestimmungen, welche ihnen in Betreff der Heirath zugekommen seyen, welche ohne ihre Zustimmung für sie keine bindende Kraft haben könnten. Es habe der Cé überhaupt am Geist der christl. Liebe gefehlt, wesswegen sie vor ihrer Abreise nicht das gehörige Zutrauen hätten fassen können. Es fehle der Cé gänzlich am evangelischen Glaubens-Sinn, sie handle gewöhnlich nach Politik u Weltweisheit, wobei die Evang. Miss. Gesellsch. nothwendig zu Trümmern gehen müsse ..."[13]

Insp. Blumhardt findet zwar, so schmerzlich dieser Brief sei, er enthalte auch *„dankenswerthe Hinweise"*. Aber aufs Ganze gesehen könne er ihn nicht als von den Brüdern gemeinsam geschrieben anerkennen. Da hätten sie alle unterschreiben müssen.

> „Die gesamte C(ommissio)n äusserte sich rücksichtlich dieses Schreibens dahin:
> - Dittrich solle zurückgerufen werden, und zwar bestimmt, und nicht wie ers gut

[13] Auffallend, wie ganz anders diese Zusammenfassung tönt als Dittrichs Brief selber! Es wundert überhaupt nicht, dass Zaremba in seiner späteren Antwort nicht etwa von Missverständnissen, sondern Miss-*Deutungen* spricht. Dittrich hält den Vorstehern eigentlich das vor, was die Zöglinge im Seminar über das Wesen der Mission gelernt hatten. Dann stellt er fest, die Gesellschaft „stehe in Gefahr", hier heisst es „es habe der Cé *überhaupt*" gefehlt, und sie handle *„gewöhnlich"* nach Politik etc. Offenbar ist die Beratung doch nicht so ruhig vor sich gegangen, wie Blumhardt dies später schreibt.

finde, wobei ihm zu bedeuten wäre, dass man sich mündlich über das erklären wolle, was er nicht schriftlich mittheilen könne."

Noch schärfer aber fällt die Reaktion der Komitee-Mitglieder aus. Wie sie eine Woche später diesen Brief lesen und beraten, interessiert die Herren vor allem, weshalb Dittrich meine, man könne nicht alles schreiben, was zu besprechen ist; den Rest, den Affront gegen die Leitung wischen sie weg: Der Dittrich sei eben krank und bedürfe dringend der Erholung. Dass er die Meinung der (ganzen) Missionarsschaft im südlichen Russland wiedergegeben hatte, beachten sie nicht. Sie beschliessen kurz und bündig:

„dass (Dittrich), sofern seine Gesundheit es gestatte, aufs bäldeste hieher reisen sollte. An seiner Stelle sollte Br. Zaremba die Leitung der Geschäfte übernehmen."

Die Antwort überlassen sie Inspektor Blumhardt, der zwei Briefe schreiben will: einen an Dittrich, einen an die übrigen. An August Dittrich schreibt Blumhardt recht kurz und bündig: Sein Brief habe ihren Herzen tiefen Schmerz, gerechte Verwunderung und aufrichtiges Mitleid über Dittrichs innern und äussern Zustand erfüllt, und die Vorsteher hätten beschlossen, ihn ernstlich aufzufordern „so bald es nur deine körperlichen Umstände gestatten, Tiflis zu verlassen und auf dem kürzesten Wege zu uns nach Basel zu kommen." Der Brief an Zaremba, Hohenacker und Lang ist etwas umfangreicher, stiftet jedoch noch grössere Unruhe als der andere:

„Da sichtbarlich unserm kranken Bruder August das Klima nicht zusagt, so haben wir denselben im Namen des HErrn in inliegendem Brief unverweilt zu uns herausgerufen, um dem lb Bruder ein Klima aufrichtiger thätiger Bruderliebe nicht nur mit Worten, sondern in der That und Wahrheit, in der Kraft, die der HErr giebt, zu zeigen, dass wir in der Angelegenheit der Verheuratung mit den ruhigsten Überlegungen vor dem HErrn, mit den zartesten Berücksichtigungen der Liebe gegen euch, lb Br, mit der vollkommenen Übereinstimmung unserer auswärtigen Freunde gehandelt haben, und im Vertrauen auf seine allmächtige Gnade noch ferner, also mit frohem Glaubensmuth und in gebührender Demuth noch handeln wollen. ..."

Er bittet sie, sich von Dittrichs Aussagen zu distanzieren, weil sie nicht mitunterschrieben hätten, Br. Zaremba solle in die Aufgaben des *„abgehenden Bruder eintreten"*, sein Name sei schon in Petersburg für Geldfragen gemeldet. Dann folgt nur so nebenbei, die Bemerkung, „dass von Br Dittrich kürzlich noch 4000 Rub von Petersburg bezogen wurde, hat uns der theure Freund von dort geschrieben

…" – vielleicht gut gemeint, die aber eigentlich nur dazu dienen kann, Zwiespalt unter den Brüdern zu säen. Blumhardt übersieht, dass Dittrich inzwischen gesund war, und dass die Brüder vor der Abreise nach Tiflis sich untereinander abgesprochen hatten. Im Februar 1824 erreichen die Briefe Zaremba und Dittrich. Ob Lang und Hohenacker in Karass sie schon vorher erhalten und dann weitergeleitet hatten, bleibt ungewiss. In seinem Tagebuch (5. Feb. 1824) notiert Dittrich nur, sein „Abruf" sei von Basel erfolgt.

RERPLIK

Nun passiert etwas fast Unglaubliches.
Fern davon, sich von Dittrich zu distanzieren, bestätigt Zaremba alle Äusserungen Dittrichs, zwar immer sehr höflich in untertänigem Ton, in der Sache aber eher schärfer als Dittrich. Tief schmerzten ihn die „Miss*deutungen* und *Kränkungen*[14] der evangelischen Liebe", die schon seit einiger Zeit über die Frage der Heirat der nach Russland gesendeten Boten Jesu Christi entstanden seien. Für ihn selber sei mit seiner Berufung zum Missionsdienst klar gewesen, dass „der Herr meine Verheiratung nicht will", auch sei für ihn die Zeit in der Anstalt eine überaus schöne Zeit gewesen. Er wisse aber, weil ja Gott nicht alle Menschen in gleicher Weise führe, dass andere dies anders empfinden könnten. Auch ihn beschäftigt die Art und Weise, wie die Briefe geschrieben und die „Abrufung Dittrichs" erfolgt sei und die misstrauische Anfrage *„ob wirklich unser Aller Sinn in dem von Dittrich aus Tiflis eingesandten Briefe ausgedrückt sei?"*

Darauf geht er die fünf Punkte der ihnen zugesandten Heiratsverordnung durch: „Die 5 Bedingungspunkte haben uns durch ihre Neuheit in Erstaunen gesezt. … Den Eindruck eines menschlichen Bebäues und Werkes haben sie auch auf mich gemacht." Jedenfalls aus der Bibel seien diese Weisungen <u>nicht</u> genommen. Und während er selber jederzeit in dem, was das Komitee ihm sage, durchaus Gottes Willen zu erkennen möge, finde er, „dass, weil die Führungen Gottes mit seinen Kindern verschieden sind, dies <u>nicht</u> gerade so ist mit meinen Gefährten"; sie seien dann angewiesen auf das, was ihnen in ihrer Arbeit durch Gottes Geist offenbart werde. Die Bestimmungen würden Forderungen in sich schliessen, „deren Haupttendenz sorgenvolle Überwachung einer Casse ist". Die Probezeit von 3-5 Jahren sei willkürlich, schliesslich hätte die Missionsleitung ihre Zöglinge kennen gelernt, die Frage der Niederlassung (in Schuschi) sei ja auf befriedigende Weise gelöst, die Sache mit dem Heimatschein für den Missionar unmöglich, da er ja alle

---

[14] Hervorgehoben durch HWH

seine Heimat verlassen habe, und einen festen Beruf habe keiner von ihnen gelernt, und das sei bei der Prüfung seinerzeit auch nicht gefordert worden. Die Sache werde „freilich dadurch erschwert, dass wir bis heute noch nicht das Protokoll der 3 Sitzungen haben, darin alles ausgeführt ist". Auch er pocht darauf, dass für die ausgesandten und bewährten Arbeiter andere Regeln gelten müssen als für die erst Eintretenden.

Auch den zweiten Hauptpunkt, den Mangel an Zutrauen der ausgesandten Missionare zur Committee bestätigt er:

> „von unsern brüderlichen Gefährten ist darüber manche Klage gefallen, dass sie nie recht haben Zutrauen fassen noch ihre Herzen recht öffnen und kindlich ausschütten können. Dass ist Thatsache!"

In Beziehung auf die Probleme mit der Heirat hat

> „die Committee mit ihren Missionaren nicht zum Voraus geredet – und hinterher haben sie drükende Leiden ausgestanden, von denen dem Br Benz der HErr nun durch den Tod ausgeholfen hat. Dem Br. Dittrich steht hoffentlich die Erfüllung seiner Erwartungen in dieser Hinsicht in nächster Zukunft bevor. Der arme Hohenaker ist jetzt wirklich schlimm daran und es ist uns sehr bange um ihn."

Und schliesslich: In den Antworten an Benz und Hohenaker wären väterliche Aufmunterungen zu solchem Opfer oder zum Warten gut gewesen – aber nicht solche Bestimmungen! Zum Schluss unterstreicht er noch einmal, dass Dittrich in ihrer aller Namen geschrieben habe:

> „Solche Vorschriften nolens – volens von ihnen zu verlangen, hatten Sie kein gegründetes Recht: Weil nun die Brüder auf ihre Briefe keine erwünschte Antwort erhalten hatten, und also fanden, <u>ihre</u> Briefe seien umsonst, ja statt der Abhülfe folge darauf ein solcher Beschluss, so wurde der Inhalt des Briefes von Br. Dittrich das Resultat unserer gemeinschaftlichen Abmachungen noch vor der Abreise aus Astrachan und brieflich ihm mitgetheilter Aufträge."

Dittrichs Antwort ist sehr kurz. Er betont einfach, ohne Fieber und auch nicht für seine eigene Situation geschrieben zu haben, und:

> „hätten Sie gesehen die Kämpfe, die ich gesehen habe unter meinen Brüdern, und gehört die Klagen und Geständnisse des Herzens, die ich gehört, Sie würden so begreiflich gefunden haben, wenn ich solche Worte geschrieben habe."

Nur auf Zarembas Brief reagiert Inspektor Blumhardt, „unter Tränen", wie er schreibt. Aber er dankt ihm für seine Offenheit. Sie hätten es doch nur gut gemeint mit ihnen, den Brüdern in Grusien. Bei der Probezeit gehe es darum, ob einer das Klima vertrage, die Sache mit dem Beruf betreffe ja nicht sie, sondern die neuen, und das mit den Dokumenten sei für die Missionsleitung bestimmt. – Da fragt man sich, warum das nicht schon im Frühjahr so kommuniziert worden ist.

KANN ICH NUN HEIRATEN?

Einiges später, als die Missionsleitung es im Oktober 1823 gewünscht hatte, kann sich Dittrich auf die Reise machen. Von Karass aus schreibt er am 8. April 1824 noch einmal nach Basel, ob er nun verheiratet oder unverheiratet nach Basel kommen solle. In einem recht freundlichen Brief antwortet ihm Blumhardt am 1. Juni, „die Committee wünsche ihn zuerst allein zu sehen und ersuche ihn daher brüderlich, unverheiratet zu kommen". Weil er diese Antwort noch nicht erhalten hat, wiederholt Dittrich am 6.Juli seine Anfrage von Petersburg aus. Seine Rückfrage löst in Basel wieder heftige Diskussionen aus. Am 4. August gibt es im Komitee unter Traktandum 2 eine offensichtlich lange und widersprüchliche Beratung um diese Anfrage. Erst eine Woche später wird ein gemeinsamer Beschluss möglich:

> „Br. D sollte vorerst allein nach Basel kommen, um die Berathungen mit der Cé und andere Geschäfte desto ruhiger und ungestörter pflegen und besorgen zu können. Am Ende derselben möchte er einen Freund bitten, seine Braut auf einen Zwischenort zu begleiten, wo er sich mit derselben zur Ehe einsegnen liesse. Hierauf würde Br. D. seine Gattin in unsere Mitte einführen und einige Zeit unter uns weilen und sodann mit ihr von Basel aus seine Reise nach Persien im Namen des Herrn antreten."

In Abwesenheit des Inspektors gibt Rektor Handel diesen Beschluss weiter. Dittrich findet diese Antwort bei seiner Ankunft in Dresden und reagiert am 17. August eher sauer darauf, was in Basel anfangs September wieder Wehmut und Ärger verursacht. Wie sehr Dittrich in all seinen Briefen um das Vertrauen zur Missionsleitung kämpft, findet keinen Vermerk. *Die Committee* scheint das, was Dittrich schreibt, gar nicht zu hören.

> „Br. D. solle unverheiratet zu uns nach Basel kommen; nach gegenseitigen Berathungen werde sich zeigen, ob das zu einer gesegneten Verbindung so höchst nothwendige Vertrauen wieder hergestellt werden könnte oder nicht. Im bejahenden Falle stände … seiner baldigen Verheirathung von Seiten der Cé überall kein Hinderniss in dem Wege."

Inzwischen hatte aber auch hier Präsident Von Brunn eingegriffen und am 17. August ziemlich ausführlich und einfühlend die Gründe erklärt, weshalb das Komitee Dittrich zuerst allein sehen möchte.[15] Man möchte erst die Unstimmigkeiten klären und damit Dittrichs Frau nicht belas-ten. Wenn das geschehen ist, dann möge er seiner Braut entgegengehen, sie in Herrnhut abholen, heiraten und sie dann auch dem Komitee vorstellen, damit sie gemeinsam dessen Segen empfangen. – Noch einmal aber taucht ein Hindernis auf: Im September trifft Dittrichs Brief vom 17. August ein, noch einmal wird alles aufgerollt und festgehalten: „Gesagt müsse ferner werden, dass er die Cé ferner nicht zur Verantwortung auffordern, sondern sich in dem Verhältnis des Sohnes zum Vater betrachten sollte." Damit ist der grundlegende Nerv der Sache getroffen: Dittrich argumentiert mit der Missionsleitung als mit seinesgleichen, und das akzeptiert sie nicht.

Im Oktober trifft Dittrich in Basel ein, bespricht sich zuerst mit Blumhardt, dann auch mit einzelnen Vorstehern. Das Komitee lässt sich überzeugen, dass es ihm um die Sache der Mission geht und bereinigt den Streit. Dittrich soll mit dem Inspektor zusammen einen Vorschlag ausarbeiten, der die Beziehungen der Missionare zum Komitee regelt. Darin fände sich dann auch eine Heiratsordnung. Im November kann Dittrich nach Herrnhut reisen, seine Braut abholen, wird am 18. November getraut und kehrt verheiratet nach Basel zurück für weitere Verhandlungen.

*

[15] Ein Brief, der auch Einblick in die verschiedenen Positionen innerhalb des Komitees gibt

GENERAL-INSTRUCTION 1825

Eine Frucht aus den Verhandlungen Dittrichs mit der Basler Leitung war die ausführliche *„Generalinstruktion für unsere in den Ländern jen-seits des Kaukasus arbeitenden Missions-Brüder“*. Diese enthält auch eine Heiratsordnung, die gegenüber den 1823 zur Heiratsfrage festgelegten Bemerkungen eine deutliche Sinnesänderung zeigt. In § 16f des 60 Seiten langen Dokuments lesen wir zunächst

> „Wir können nicht bergen(sic!), dass Berathungen über Verheiratung unserer Brüder unseren Herzen viel Sorge gemacht haben, bis auf diese Stunde. Nicht dass uns eine genügende Klarheit darüber gemangelt hätte, dass uns unter gewissen Umständen die Verheirathung eines Missionsbruders vollkommen zweckmässig und wünschenswerth erscheine; aber die rechte Art und Weise der Ausmittlung dieser Fälle fiel uns schwer, und liess uns bis jetzt nicht zu dem Lichte einer sicheren Regel gelangen.“

Wegen der besonderen Umstände und Hindernisse, die ein Missionarsleben begleiten, könnten sie nicht so leichtfertig wie die englischen Gesellschaften urteilen. Die Missionsleitung aber sehe ein, dass von der Verheiratung des Missionars nicht nur das Wohl seines Lebens, sondern auch seiner ganzen Arbeit abhängen könne. Und dann ein Satz, der wie kein anderer den Sinneswandel der Herren Vorsteher anzeigt. Sie wüssten, „dass nicht jedem die Gabe der Enthaltsamkeit gegeben ist“. Mit freudiger Zuversicht könnten sie „auch dieses wichtige Bedürfnis unserer Missionssache in Demuth dem HErrn übergeben“, und hoffen, den richtigen Weg zu finden, sodass jeder einzelne Bruder „mit brüderlicher Sorgfalt und Liebe berathen (und) der Missionssache dadurch aufgeholfen“ werde.

Nach der etwas umständlichen Einleitung (und gewissermassen auch Entschuldigung für die früheren Verlautbarungen) umschreibt das Komitee die wichtigsten Grundsätze für die neue Beurteilung:

> „Unsere Committee glaubt in dieser wichtigen Angelegenheit am unbefangensten und sichersten zu Werke zu gehen, wenn wir die Stellen eines Missionsgebietes bezeichnen, auf denen verheiratete Missionsgeschwister zweckmässig angestellt werden mögen.
>
> 1) Jede begonnene Station hat eine Ökonomie zu führen, wobey eine Missionsschwester gewöhnlich unentbehrlich ist. Eine solche feststehende Missions-Ökonomie kann demnach in der Regel von verheirateten Geschwistern besetzt werden.

2) Auf der Hauptstation jedes Missionsdistriktes bildet sich in der Regel ein fixiertes und fortgehendes Übersetzung- und Druckleitungs-Geschäft, das eines oder mehrerer permanenter Arbeiter bedarf, welche eben darum verheiratete Brüder seyn können.
3) Sammelt sich an irgendeiner Stelle ein bleibendes Gemeindlein, so bedarf es eines permanenten Hirten und Seelsorgers, dessen zweckmässige Verheirathung um der weiblichen Gesellschaft willen wünschenswerth ist.
4) Bestreitet ein Missionsbruder auf einer Station mit der Genehmigung unserer Committee, neben seinem Missionsgeschäft noch ein noth-wendiges Handwerk oder ein anderes zweckmässiges Berufsgeschäft, das ihn an die Stelle fixiert und sattsam beschäftigt, so kann eine solche von einem verheirateten Bruder besetzt werden."

Auf dieser Grundlage wolle man jetzt und im Blick auf die Weiterentwicklung ihres Werkes handeln. Daraus ergibt sich:

„Um unter dem Beystand des HErrn die Sache in eine gewisse Ordnung einzuleiten, bemerken wir dabey noch folgendes:
Kein Missionsbruder, wenn er nicht freywillig um des HErrn und seines Berufes willen unverheirathet bleiben will, kann und darf hinzu gezwungen werden. Kann ihm unsere Committee auf sein Verlangen hin eine Stelle im Missionsgebiete anweisen, die zu seiner Verehelichung berechtigt, so wird sie es mit der herzlichsten Freude thun. Ist sie dies zu thun nicht im Stande, so bleibt uns nichts übrig als mit brüderlichem Sinn es seiner freyen Wahl anheimzustellen, entweder in kindlicher Hingebung an den HErrn und willenloser Geduld zu warten, bis der HErr die rechte Stelle im Missionsgebiet für ihn geöffnet hat, die ihm die Erreichung seines Wunsches möglich macht, oder gänzlich aus dem Dienste unserer Gesellschaft auszutreten.

1.) Kein Missionsbruder kann oder darf ohne die bestimmte Genehmigung unserer Committee in die Ehe treten.
2.) Wir dürfen um des HErrn willen mit voller Zuversicht von ihm erwarten, dass er in der Wahl seiner künftigen Gehülfin keinen Schritt thue, ehe er unserer Committee die beruhigenden Zeugnisse vorgelegt hat, dass die Schwester, die mit ihm den Missionsberuf theilen soll, eine im Kreise ihrer Umgebungen bewährte und für den Missionsdienst taugliche Jüngerin Jesu ist, die den redlichen Sinn hat, auf dem Weg der Selbstverläugnung dem Heiland unter den Heiden zu dienen.

3.) Ehe unsere Committee ihre Einwilligung in das Ehegelöbniss eines Bruders gibt, wird sie in der Regel eine begutachtende Rückfrage mit der Distrikts-Conferenz der Brüder nehmen.[16]“

Auch sei man durchaus offen, bei dem allmählichen Wachstum des Werkes, die Schranken, „in die wir uns jetzt noch eingeschlossen fühlen“ zu lockern.

REAKTION DER BRÜDER ?

Wann genau dieses umfangreiche Dokument die Brüder erreicht hat, ist schwierig zu erkennen. Im Anhang zu einem Brief an Dittrich (in Basel!) vom 4. Nov. 1824 erwähnt Hohenacker, er habe es flüchtig durchgelesen, reagiert aber nur auf die Anweisung, dass er das Rechnungswesen übernehmen solle. Im Brief vom 22. Nov. erwähnt er auch die Heiratsfrage und macht Vorschläge im Namen der Brüder, für die sich Dittrich in Basel einsetzen möge. Am 2. Februar 1825 schreibt Blumhardt an die Brüder und bestätigt faktisch die Heiratserlaubnis für Hohenacker unter der Bedingung

> „dass die Person, die er zur Gattin wählt, das Zeugnis ihres frommen Sinns und ihrer Missionsbrauchbarkeit für sich haben und von den Brüdern begutachtet zuvorderst unserer Committee eingesandt werden müsse.“

Das endgültige Dokument ist in diesem Moment zwar noch nicht abgesandt, aber das Komitee hält sich jetzt an die in der Instruktion enthaltenen Bestimmungen: Wohnungen für *zwei verheiratete Missionare* in Schuschi. Basel hat sich also von Dittrich überzeugen lassen, dass jetzt erst eine Arbeit mit festem Wohnsitz in Schuschi nötig sei, bis konkrete Schritte nach Persien hin unternommen werden könnten. Erst im Brief vom 3. April 1825 verweist Blumhardt auf den im Dezember 1824 erarbeiteten Entwurf einer Instruktion, der seither vom Komitee, zusammen mit dem anwesenden Bruder Dittrich, Punkt für Punkt geprüft und im Februar im „Einverständnis sämtlicher Brüder“ beschlossen worden sei und nun durch die neu ausreisenden Brüder Pfander und Wöhr ihnen zugestellt werde.[17]

K.F. HOHENACKER

In seinem Brief vom 18. Mai 1825 bedankt sich Hohenacker für Mitteilungen vonseiten Blumhardts und Dittrichs. Sie hätten, schreibt er „mein Herz überzeugt,

[16] Dabei scheint die Missionsleitung an Frauen zu denken, die der Missionar selbst und in der Gegend seines Arbeitsortes auswählt.

[17] Die beiden sind im Juni bei Br. Lang in Karass, und Anfang Oktober bei Zaremba und Hohenacker in Schuschi eingetroffen (MM 1826, III). Lang berichtet darüber in einem Brief vom Juni.

dass ich Ihnen in manchen Stücken Unrecht gethan habe, vorzüglich dadurch, dass ich Misstrauen in Ihre Liebe gegen uns setzte“. (FC-2,1, unter 1825 Nr 9).

Im gleichen Brief nimmt er das Thema „Verheiratung“ unter Punkt 3) noch einmal auf. Aus einem früheren Briefe hätte die Committee schon ersehen können, dass er in der Beziehung unaufgefordert sehr vorsichtig zu Werke ging, um ja nichts ohne die Erlaubnis des Komitees zu unternehmen.

> „Ihren väterlich treu gemeinten Wunsch, dass der Heiland mir zu diesem Geschäfte Gnade und Weisheit geben wolle, hat Er, wie ich zuversichtlich glaube, erfüllt. Ich fühle, dass ich mit aller Klugheit und Sorgfalt nicht im Stande sey, mir hier zu rathen, sondern dass ER selber mir eine Gehilfin zuführen müsste. Aus diesem Grund bath ich Ihn, ich darf wohl sagen, täglich, Er wolle mich in dieser für das Herz eines Jünglings so gefährlichen Sache auch vor mir selber schützen und mir durch deutliche Zeichen seinen Willen zu erkennen geben.“

Das sei inzwischen auch geschehen. Die Margrit Klein aus Helenendorf entspreche wohl dem gewünschten Bild. Was ihr an Bildung fehle, hole sie zur Zeit nach und mache dabei Fortschritte. Ziemlich genau ein Jahr später, am 23. Mai 1826 heiratet er diese Margrit Klein aus Helenendorf. Dass er später aus dem Dienst der Basler Mission austritt, hat andere Gründe: Er sah seinen Auftrag in Russland nicht im Verkündigen, sondern in der ärztlichen Hilfe und Pflege und wollte der Mission nicht zur Last fallen, sondern sich mit seiner Arbeit selber finanzieren.

JOHANN JAKOB LANG

Von Br. J.J. Lang (BV 18), mit Hohenacker zusammen in Karass nördlich des Kaukasus, hören wir in all diesen Auseinandersetzungen nichts. Auch für ihn käme erst die neue Bestimmung in Frage. Bis dahin aber stand er eigentlich unter der schottischen Mission, für die die Verheiratung ihrer Missionare kein Problem darstellte. Weil die Station Karass schliesslich doch an die Basler Mission überging, veränderte sich das. Hohenacker schreibt ihm im November 1824 vorsorglich, er solle dem Br. Dittrich alle diesbezüglichen Vorschläge mitteilen, damit er mit der Leitung in Basel darüber verhandeln könne. Nach Meinung Hohenackers stand damals eine „E.D.“ zur Diskussion. Lang allerdings hat erst später, und nicht die von Hohenacker erwähnte „E.D.“ geheiratet, sondern eine Tochter des schottischen Kollegen, nämlich Margaret Galloway (am 28. Febr. 1828) und ist mit ihr zusammen später auch nach Schaffhausen zurückgekehrt.

*

KURZGESCHICHTEN AUS SÜDRUSSLAND

Es gibt aus dem Arbeitsgebiet Südrussland auch andere Geschichten, über die nicht so ausführlich berichtet oder gestritten worden ist.

CARL FRIEDR. WILH. FLETNITZER (BV 35)

Über ihn ist im Zusammenhang mit der Geschichte von Susette Hoch aus Liestal berichtet worden. Er will gleich vor seiner Ausreise vorsorgen und meldet seinen Wunsch beim Komitee an. Es scheint, dass das nicht weiter Anstoss erregt hat. Dass er aber sein Reisegeld anders als vorgesehen aufbrauchte, später andere Unregelmässigkeiten sich zu Schulden kommen liess, brachte ihm die eine oder andere Rüge ein. Und erst recht, als er eigenmächtig nach Odessa ging statt direkt nach Karass – was natürlich unvorhergesehene Kosten verursachte.

Allem Anschein nach aber ist die Familie Hoch aus Liestal, oder mindestens der Pfr. Joh. Hoch aus Maisprach, Bruder der Susette, beim Komitee vorstellig geworden, was das sei mit dem Br. Fletnitzer, der sei ihr versprochen, er schreibe ihr auch, aber nicht vom Heiraten. Da erst wird der Missionar zur Rede gestellt. Er antwortet zurück, er habe sie doch nur gewarnt vor der Schwärmerei, die ja auch für das Seminar eine Gefahr darstelle. Auf einen entsprechenden Brief des Pfarrers Hoch, gibt er die Susette „frei" – mit offensichtlichem Unwillen.

Dass darauf die Witwe des Missionars Durs Börlin (BV 24), der bei einem Kutschenunfall ums Leben gekommen war, ihn verschmähte, hat ihn wohl ziemlich getroffen. Denn er jammert nachher, wie sehr er allein gelassen sei und den Haushalt selber führen müsse. Doch dann ist er kurz darauf ganz plötzlich verheiratet mit einer deutschen Frau aus den russischen Provinzen.

*

GOTTH. ALBRECHT TRITSCHLER (BV 82)

(BV 82) Tragisch ist der Fall des Bruder Tritschlers, der für eine der deutschen Gemeinden südlich des Kaukasus bestimmt ist. Er gehört auch zu den Brüdern, die im Haus der „lieben Hochs" in Liestal zu Gaste waren. Ihm gefällt die Margarete Hoch, eine jüngere Schwester der Susette. Und noch bevor er ausreist und entsprechend verabschiedet werden soll, so heisst es im Protokoll des Komitees vom 1. Mai 1829, habe er ein Ehegelöbnis eingeleitet. Die Vorsteherschaft nimmt das zwar zur Kenntnis, will damit aber nichts zu tun haben, denn Tritschler wird nicht im Dienst der BM stehen, es „fällt also nicht in ihren Bereich“.

Eine Woche später, am 7. Mai ist er selber anwesend zur Vorbereitung seiner Verabschiedung. „Er erklärt reuig, heisst es im Protokoll, dass er in seiner Ehesache nicht gerade gehandelt habe“. Das ist allerdings ohne Konsequenzen, denn er untersteht in Russland nicht direkt der Basler Mission. Er reist am 11. Mai 1829, einen Tag nach seiner feierlichen Verabschiedung, ab nach Bessarabien, an die Gemeinde Tarutino (Gegend von Odessa), arbeitet dort ein Jahr lang. Im Juni 1830 kommt seine Braut, Margareta Hoch aus Liestal, nach, sie heiraten am 13.Juni. Eine Woche später stirbt er am 20.Juni unerwartet und plötzlich an einem Blutsturz. Seine Frau Margareta, ist später mit einem wohl englischen Pfarrer (oder Missionar) in Russland verheiratet.

*

ZWEI BRÜDER AUF DER KRIM

DURS BÖRLIN (BV 24)

Die schon erwähnten beiden für Russland bestimmten Brüder, Durs Börlin und Heinrich Dietrich[18] sind ein besonderer Fall, weil sie von Anfang an für den Dienst an den deutschen Gemeinden in der Krim und damit ins Regime der deutschen evangelischen Kirche im Süden Russlands und dessen Superintendent bestimmt waren. Auch da gibt es einige interessante Notizen, die Einblick sowohl in die Praxis der Mission wie in die Gesinnung des heiratswilligen Bruders gewähren.

Werdegang

Durs Börlin kommt aus Bubendorf im Kanton Baselland. Dort erblickte er am 16.Juni 1800 das Licht der Welt, ging in die Schule, besuchte auch den Konfirmandenunterricht, wurde vom Pfarrer gefördert und wäre gerne Pfarrer geworden. Das ging aber natürlich nicht, weil die Eltern nicht wohlhabende Leute waren, und eine weitere Schule nach dem Abschluss der ersten Jahre nicht im Bereich des Möglichen lag. Immerhin konnte er eine Stelle in einem kaufmännischen Betrieb antreten, wurde auch dort gefördert, kam aber, wie alle Missionsbewerber es be-

[18] BV 14, nicht zu verwechseln mit August Dittrich BV 29, ebenfalls Südrussland!

schreiben, auf Abwege, fand zum rechten Weg zurück und hört nun vom Missionsinstitut, das ihn seinem einstigen Wunsch, andern das Evangelium predigen zu können, näher bringen würde. Er scheint anfangs mit dem Lernen Mühe gehabt zu haben, vielleicht weil er etwas eigenwillig war; jedenfalls gibt es Vorbehalte von Seiten der Lehrerschaft. Am 30. Nov. 1818 meldet das Komitee-Protokoll aber:

> „In Hinsicht auf Durs Börlin, dessen Charakter sich seit damals in Manchem zu seinem Vorteil entwickelt, wurde mit allgem. Freudigkeit gut gefunden, ihn noch in dieser Sitzung zur Prüfung zuzulassen, und nachdem dieselbe nach Wunsch ausgefallen war, ihn auf das Probejahr aufzunehmen."

Er beginnt dann gar von sich aus, zusammen mit Heinrich Dietrich (BV 26) Griechisch zu lernen und kann Ende 1819 auch bei der theologischen Fakultät angemeldet werden. Aber wieder gibt es Bedenken: Er liest Romane, die nicht zur Ausstattung eines Missionars passen, und das innere Leben aus Gott scheint ihm noch zu fehlen. Er wird deshalb zurecht gewiesen (29. Sept. 1819) und die Immatrikulation an der Uni vertagt. Weil er als Sprecher der Zöglinge sich für eine Milderung des Stundenplans einsetzt, bekommt er, obwohl vom Inspektor geschützt, wieder Probleme mit dem Komitee. Schliesslich wird er 1822 zusammen mit Heinrich Dietrich (BV 26) für die Betreuung von deutschen/schweizerischen Gemeinden in der Krim bestimmt und erregt – wieder mit andern zusammen – Missfallen beim Komitee.

Verlobung

Nachdem schon Joh. Gerber und G.W.I. Metzger (für Sierra Leone mit der Londoner Gesellschaft bestimmt) kurz vor ihrer Ausreise, ohne vorher mit dem Komitee deswegen Kontakt aufgenommen zu haben, ein „Verlöbnis" eingegangen waren, kommt nun auch Durs Börln, kurz bevor er in die Krim ausreisen soll, zusammen mit Br. Dietrich zum Inspektor, um über die mögliche Verheiratung zu sprechen. Dazu berichtet das Komitee Protokoll vom 19. März 1822:

> „Börlin endlich sei am letzten Mittwoch vor Dietrichs Abreise mit diesem zum Herrn Inspektor gekommen und habe nebst manchen auf seine Lage sich beziehenden Dingen auch wegen Verheiratung gesprochen. Herr Insp. habe beiden erklärt: Sie stehen als Kolonien-Prediger unter dem russischen Konsistorium. Es sei der Wunsch, dass sie deutsche Frauen mitbrächten. Allein, es wäre Pflicht und Klugheit, dass sie zuerst geraume Zeit auf ihrem Posten wären und alles genau erwögen, ob namentlich ihr Einkommen ausreichte. Fänden sie die Umstände dazu geeignet, so sollten sie schreiben."

Inspektor Blumhardt legt hier gar keine Hindernisse in den Weg, sondern bestätigt, was Regel ist für den Dienst innerhalb des russischen Konsistoriums. Dass sie zuerst aber ihre ökonomische Lage und vor allem auch die finanzielle Sicherung erkunden sollten, ist ein verständlicher Wunsch. Durs Börlin ist damit durchaus einverstanden, aber, sagt er, er könne sich doch nicht verloben mit einer Frau, die er vorher nicht gesehen habe. Er hatte auch schon jemanden ins Auge gefasst! Um nun nicht eigenmächtig zu handeln, begibt er sich nach dem Gespräch mit Blumhardt zu der Familie Müller in Basel. Unter deren zwei Töchter hatte es ihm die jüngere angetan, heisst es im Protokoll:

> „Seine Neigung hätte die jüngere gewählt, um aber nicht eigenwillig zu handeln, habe er mit den Leuten gebetet und das Los gebraucht, welches für die ältere entschieden habe; womit er sich vollkommen beruhigte."

Etwas später stellt sich heraus, dass die jüngere Schwester an Börlin gar kein Interesse hatte, dass sie dagegen jederzeit bereit wäre, im Dienst des Herrn in der Mission mitzuwirken – und ihre ganze Familie sei damit einverstanden.[19]

Bitte um Heiratserlaubnis

Ziemlich genau ein Jahr später meldet sich Durs Börlin wieder aus Neusatz auf der Krim, beschreibt seine Tätigkeit und den Zustand der Gemeinde und kommt schliesslich auf die Heiratsfrage zurück, sowohl für sich selber wie auch für den Kollegen Dietrich in Zürichthal:

> „In Hinsicht auf meine ökonomische Lage ist es ... für mich, sehr noth-wendig u wünschenswerth, wenn Sie geliebte Väter in dem Herrn! Gütigst dafür sorgen möchten, dass *unsere beyden Verlobten* recht bald ihre Reise hieher antreten möchten."

Er muss ja nicht mehr um die Erlaubnis bitten, sondern nur um die Aussendung der Bräute! Er gibt sachlich-wirtschaftliche Gründe an: Er müsse sonst jemanden anstellen, um die nötigsten Geschäfte zu besorgen, zudem sei er wegen der weiten Distanzen zu seinen Gemeinden viel und oft längere Zeit unterwegs; weitere Gründe seien dem Komitee ja bekannt.

> „Es wäre also unsere Bitte und Wunsch, dass Sie nach Ihrer bisher uns so erwiesenen Liebe, auch in dieser Sache für uns sorgen möchten, indem wir wünschten, dass unsere beyden Verlobten im Namen des Herrn dieses Frühjahr ihre Reise hieher so antreten möchten, dass sie bis den 1ten Juni .... eintreffen

[19] Möglicherweise ist sie die Frau, die für Kindlinger (s.u.) in Indien vorgesehen wurde.

könnten. Wir haben unsern Verlobten schon geschrieben, dass wir wünschen, dass sie bis zum 1. May in Lemberg seyn möchten …"

Ihre Wohnungen seien übrigens, wenn auch nicht feudal, so doch genügend gross für eine Familie und die Besoldung auf 1400 Rubel angesetzt, wozu noch Zulagen von rund 1000 Rubel kämen – die ökonomische Lage rechtfertige also die Heirat. Beigelegt ist eine Bestätigung des Superintendenten. Der schreibt:

„Von Seiten der kirchlichen Oberbehörde wird nicht etwa nur die Erlaubnis ertheilt, sondern der innige W unsch geäussert, dass die beiden Herren Colonie-Prediger, der Herr Pastor Börlin in Neusatz, und der Herr Pastor Dietrich in Zürichthal, sich verheiraten mögen, und ihnen gewünscht, dass sie der HErr über alles treue Lebensgefährtinnen und redliche Gefährtinnen finden lassen wolle. Ein solches bezeugt

Karl Böttiger, Superintendent
der Evangelischen Kirchen im Süden"

Von der Braut selber hören wir in diesem Fall nichts – nur, wieder über die Komitee-Protokolle, dass die Ausreise so schnell nicht möglich war, vermutlich, weil man die Frauen nicht alleine reisen lassen wollte. Sie sind Ende 1823 noch zuhause. Börlins Braut kann im Frühjahr 1824 mit einem deutschen Fuhrmann dann ausreisen (KP 1824, S. 16, § 2).

Nachspiel

Bei allen Ecken, die Börlin im Seminar beinahe zum Verhängnis wurden, ist er ein überaus eifriger Pastor, Hirte, seiner Gemeinden. Und gerade das bringt sein Leben früh zu Ende. Auf einer Reise in eine entfernt gelegene Gemeinde verunglückt die Kutsche, in der er mitfuhr, und er stirbt an den Folgen seiner Verletzungen. Und alle sind des Lobes voll über ihn und seine hingebungsvolle Arbeit. Was aus seiner Frau geworden ist, erfahren wir nicht. Nur, dass der Missionar Fletnitzer hoffte, die Witwe Börlin an seine Seite zu ziehen, was sie aber hartnäckig verweigerte.

*

HEINRICH DIETRICH (BV 14)

In den Akten der BM wird er oft gleich geschrieben wie August Dittrich (aus Sachsen), was da und dort zu Verwirrung führte.

Am 4. Sept. 1794 kam Heinrich Dietrich in Schwerzenbach ZH zur Welt. Seine Eltern waren einfache Bauersleute, die sich und ihre Familie mit dem Ertrag einer kleinen Landwirtschaft und der Weberei ernährten. Er besucht dort die Schule, geniesst allerdings, wie er schreibt, nur mangelhaften Unterricht. Mit 13 Jahren kommt er zu einem Bauern in Witikon bei Zürich. Als späterer Beruf wird „Gärtner" angegeben, als solcher kommt er im Frühjahr 1818 zur Mission als „Ökonomus". Nach einer betrüblichen Zeit sei er 1817 von Missionsbrüdern mit der Mission bekannt gemacht worden, was in ihm den Wunsch, auch so dem Heiland dienen zu können, geweckt habe. Im Dezember 1818 wird er ins Seminar aufgenommen und 1822 zusammen mit Durs Börlin für die Pastoration der deutschen und schweizerischen Gemeinden in der Gegend von Odessa resp. der Krim bestimmt. Seine Briefe an den Inspektor verraten einen einfachen, demütigen Menschen mit einem tiefen Glauben, der aber auch offen Unzufriedenheit vermeldet, wenn es ihn irgendwo drückt.

Für ihn gilt wie für Börlin: Weil in kaiserlichem Dienst stehend ist Heirat erlaubt, ja erwünscht, aber er soll, so der Ratschlag in Basel, lieber noch zwei Jahre warten, bis klar ist, wie sich die Verhältnisse entwickeln. Und wie Börlin, der häufig das Schreiben für beide erledigt, kann er sich schon vor der Ausreise nach Russland verloben.

Wann kommt die Braut?

Ein eigenes Pfarrhaus – was ja Voraussetzung die Heirat wäre – hat er noch nicht, es soll aber bald errichtet werden. Dennoch bitten beide im Frühjahr 1823 um die Nachsendung ihrer Bräute. Dietrich steht in brieflichem Kontakt mit seiner Braut und erwähnt im August einen Brief von ihr. Beide waren sie überzeugt, dass sie im Mai die Bräute in Lemberg abholen könnten. Aber dann:

> „Wie schmerzte es mich, als ich sah, dass alles so gleichgültig geht. Ich reiste gleich zu Börlin, der auch sehr betrübt wurde; wo fehlt es denn auch? Hätte ich gewusst, dass das Glück meiner l. Braut davon abhangen würde, dass sie in meinem Dorf bürgerlich würde, ich hätte es schon lange durch jemand anders ins Werk setzen lassen." (2. Aug. 1823)

Während es im Komitee heisst, die beiden „seien's zufrieden" mit der Verschiebung der Ausreise der Bräute, beklagt sich Dietrich sehr, er müsse, wenn die Braut nicht komme, seine Lage gründlich verändern, u.a. in Sudak wohnen, bei einem griechischen Christen, der ein Missionsfreund ist, den Herrnhutern nahesteht, und der findet, seine Lage sei untragbar. Eine alte Frau für seinen Haushalt finde er nicht, eine junge Magd wolle er nicht. Alle fragten, warum die Braut noch nicht gekommen sei. Vermutlich in dem Zusammenhang will das Komitee in Basel Br. Aug. Dittrich vom kaspischen Meer nach Odessa (um die 1400 Kilometer!) schicken, um Dietrichs Heiratsfrage zu regeln.

> „Und dann ist's überdies eine eigene Sache, versprochen zu seyn und jemand lieben auf solche Weise wie wir. Ich bekenne es offen, dass es mir schon viele schwere Stunden machte und gewiss Br. Börlin auch; denn stellen Sie sich unter mir einen Menschen vor, der nicht wenige Anfechtung hat, und hätte ich gewusst, dass es so gehen würde, ich hätte mich besonnen, ehe ich Ihrem Rath[20] gefolgt hätte, l. Herr Inspektor. Ich liebe meine Braut vielleicht mehr als ich sollte, aber solange ins Ungewisse hier leben und immer denken „wie geht's" Was wird geschehen? Werden sie kommen oder wird's abgeschlagen? das will ich einfach nicht länger. Entweder schicken Sie dieselben oder Sie trennen sich von der meinen. So will ich nicht mehr meine Zeit zubringen, denn so abgeschnitten von Fründen in einem frömden Land ist schwer."

Erst gegen Ende Jahr sind die Schwierigkeiten gelöst. Im Februar 1824 bestätigt er dies dankbar und sieht ein, dass die Verzögerung angesichts der vielen Schwierigkeiten auch ihr Gutes hatte. Wieder legen beide ihren Plan vor: Bis am 4. Mai sollten die Bräute in Brody (Nähe von Lemberg) sein, weil das die beste Reisezeit ist. Allerdings wird's auch damit nichts. Vom Superintendenten Böttiger erhalten sie Weisung, ihre Bräute nicht in Brody, sondern in Odessa zu erwarten, was ja für sie näher liegt. Sie tun es – und warten in Odessa weitere vier Wochen. Besonders peinlich: Sie haben einige Fuhrleute und sechs Pferde mitgebracht, die müssen sie nun unterhalten, dabei hat Dietrich doch auch für eine kürzere Wartezeit nur ganz knapp Reisegeld dabei!

Endlich!

Am 2. Juli schreibt Dietrich glücklich nach Hause. Er dankt dem Herrn, der „mich mit meiner theuren Gattin nach so vielen Stürmen gleichsam in den sicheren Hafen gebracht hat". Am 14 Juni[21] sind die Frauen angekommen, und schon am fol-

[20] Nämlich mit heiraten noch zuzuwarten!

[21] Vermutlich nach dem neuen Kalender, denn andere Angaben nennen den 3/4. Juni 1824

genden Tag werden er und seine Wilhelmina Reuss getraut und können nun in ihre Gemeinden ziehen. Voller Bewunderung schreibt Dietrich über seine Frau:

> „Ich hätte nie eine so treue, wahre Jüngerin des Herrn erwartet, die so viel Klugheit und Charakter besitzt …"

Lange dauert auch ihr Zusammenleben und –wirken nicht. Verschiedentlich hat er „mit Anfällen des kalten Fiebers zu kämpfen", sucht in Sudack, einer Filiale von Zürichthal an der Südküste der Krim, neben der Gemeindearbeit „durch den Gebrauch von Seebädern seine angegriffene Gesundheit wieder herzustellen". Aber er stirbt an seinem 33. Geburtstag, am 4. Sept. 1827 (MM 1828, S.342). Im Missionsmagazin (ebd.) wird gemeldet:

> „Unser vollendeter Bruder hinterliess eine fromme Lebensgefährtin und ein Kind, welche bis jetzt, als eine teure Hinterlassenschaft ihres entschlafenen Seelsorgers von der Gemeinde in Zürichthal liebend versorgt werden."

*

Eine Bemerkung zu dieser Geschichte sei mir erlaubt:

> *Die Bemerkung Dietrichs nach der Heirat über seine Frau, die ihm ja nicht ganz unbekannt gewesen sein konnte, darf man nicht aus unserer Sicht be- oder gar ver-urteilen. Vielmehr sollen wir bedenken: Da ist ein Mann, sehr einfach aufgewachsen, wohl mit einem Frauenbild, das diese nur als Arbeitskraft im Haushalt und Kindsmutter sah, hat über Jahre hinweg Frauen nicht ansehen dürfen, weil man ihm suggerierte, das sei nicht gut, und er wohl aus eben solchen Gründen vor allem junge Frauen kaum anzuschauen wagte – und jetzt ist er verheiratet, darf schauen, lernt eine Frau kennen und fängt jubelnd an zu danken, ähnlich dem Jubelruf des Adam nach Gen. 2: „Die ist ja wirklich eine „Gehilfin" – ein echtes Gegenüber – auch eine Stütze für meinen Glauben, und dazu klug (vielleicht klüger als er selbst?) und stark!" Also so ganz anders als das Bild, das ihm mitgegeben worden war.*

*

ZWEI BRÜDER IN INDIEN

Basler Missionare in Indien standen anfangs im Dienste der englischen oder holländischen Missionsgesellschaften. Dort gab es die Einschränkungen betr. Verheiratung nicht. Aber die ehemaligen Zöglinge aus Basel brachen den Kontakt mit ihrem „Mutterhaus" nicht ab. Oft ging es dabei nicht nur um gelegentliche Berichte über ihre Arbeit, sondern auch um seelsorgerlichen Rat, den sie sich von ihren einstigen Lehrern und geistlichen Führer erhofften. Auf diesem Hintergrund sind die beiden folgenden Geschichten zu verstehen.

JOH. KINDLINGER (BV 10)

Von diesem späteren Indienmissionar katholischer Herkunft aus Oberösterreich findet sich in Basel weder eine schriftliche Meldung noch ein Lebenslauf. Nach seinem Wegzug von Basel zur weiteren Ausbildung im holländischen Berkel schreibt er zwar zahlreiche Briefe an Blumhardt, aber über seine Lebensgeschichte wissen wir eigentlich nur, was Kollege und Freund Winckler (BV 7) in Ergänzungen zu einem mangelhaften Nachruf nachgeliefert hat. Er ist der erste Österreicher in Basels Diensten.[22]

Johann Kindlinger wurde am 5. Mai 1791 in Enzenkirchen, einer katholischen Gegend Oberösterreichs, geboren, wo die Gegenreformation besonders effizient gewirkt hatte. In Enzenkirchen war man der Meinung, dass Protestanten Gott und Christus gänzlich verleugneten. Nach eher notdürftiger Schulbildung erlernt er das Schneiderhandwerk. Achtzehnjährig begibt er sich auf Wanderschaft. Es ist die Zeit der französisch-österreichischen Kriege und der nationalen Erhebungen, wo Napoleon sozusagen omnipräsent ist in Europa. Dennoch gelangt Kindlinger nach Frankreich, in die Schweiz und schliesslich nach St. Gallen.

Dort gibt es eine „Partikulargesellschaft" der Christentumsgesellschaft. In ihr findet er Aufnahme. Ihre Glieder verfolgen unabhängig von Konfession und Nationalität ein Ziel: „Die Predigt des Evangeliums denen zu bringen, die sie noch nicht vernommen haben". Auch ein katholischer Priester arbeitet hier mit, der reine evangelische Grundsätze predigt. So beginnt Kindlinger aufmerksam sich selber zu prüfen, den katholischen und evangelischen Glauben zu vergleichen und entscheidet sich schliesslich für die evangelische Konfession. Er hört von der Mission unter den Heiden und der neu errichteten Missionsschule in Basel und meldet sich

[22] In „Die Kirche nicht im Dorf lassen" hat K. H. Radtke ihm 1981 einen schönen Beitrag gewidmet.

dort. Er drückt ihnen gegenüber seinen Wunsch aus, selber sich dieser Aufgabe widmen zu können. Zuhause meinen seine Mutter und ein Bruder, er sei ein Häretiker. Er sieht es für besser an, ihnen von seinem Vorhaben noch gar nichts zu sagen.

Am 18. Januar 1817 wird er in Basel aufgenommen. Gegenüber den andern Zöglingen hat er also ein halbes Jahr Unterricht aufzuholen. Er wird krank und zur Milchkur in den Jura geschickt, bleibt aber in reger Verbindung mit Blumhardt. Er kommt in lebendigen Kontakt mit Täufern (Mennoniten). Überall sucht er Gespräche über den rechten Glauben, über Bibelauslegung, verteilt auch Traktate und macht erstaunliche Erfahrungen.

Das Komitee meint 1820, seiner Gesundheit wegen komme er als Missionar nicht in Frage. Da reist er zu Fuss vom Berg nach Basel, „walking in one day a distance of thirty miles". Sein unerwartetes Kommen und sein feuriges Eintreten für seine Sache bringt die Leitung dazu, ihn doch auch nach Holland zu schicken. Kurz nach seiner Ankunft in Holland wird er von seinem Leiden befreit.

Unerwartet schnell wird er von Holland aus mit einem Freund nach Palicate in Indien geschickt. Eine langverwaiste Siedlergemeinde wartet auf ihn. Dort angekommen, „war er einer der gesundesten, kräftigsten und tätigsten Missionarien, welche auf den weiten Gefilden Ostindiens bis jetzt gearbeitet haben", heisst es später über ihn. So wie andere in Ostindien oder später in Westafrika macht Kindlinger schwierige Erfahrungen: Unter den Europäern gibt es Unwissenheit, Lasterhaftigkeit, Betrügereien und Unzucht, wie sie unter den Heiden nicht gefunden werden. Nicht einmal ein Haus gibt es für ihn bei seiner Ankunft. Bei einem Muslim kommt er unter, bis der seine Meinung ändert. Mit Eifer stürzt er sich neben der Arbeit mit diesen verwahrlosten Christen auf das Erlernen der Sprache der hinduistischen Tamilen. Unter ihnen findet er Zuhörer. Er baut Schulen für sie und zählt unter seinen Schülern bald auch Kinder von heidnischen Tamilen.

Während seine äussere Krankheit plötzlich geheilt zu sein scheint, meldet sich eine neue an: Einsamkeit macht ihm zu schaffen. Oder ist das nur eine Versuchung? Müsste er an Christus nicht genug haben, als Freund, mit dem er sich aussprechen kann? Zuerst tröstet er sich damit. Dennoch, es geht um mehr; denn Christus „ist mir ja genug", aber „niemand teilt mit mir, niemand trägt mit mir ausser dem unsichtbaren Freund." Und manchmal „bedürfte man doch eines sichtbaren Freundes". Das fehlt ihm.

Schliesslich: Es geht ja gar nicht nur um einen Freund, es geht um eine Gehilf<u>in</u> (Gen. 2,20). Der Ledigenstand ist unter den Tamilen verachtet und gibt zu Verdächtigungen Anlass. Die Frau des Residenten, verschafft dem schüchternen Missionar Gelegenheiten mit jungen Frauen, die willens wären, ihn zu heiraten – fünf an der Zahl, schreibt er später. Er aber möchte zuerst des Herrn Willen erforschen.

Dafür wendet er sich zuerst an seine Gesellschaft in Holland. Von dort erhält er keine Antwort. Noch wichtiger ist ihm jedoch Basel. Im September 1821 schreibt er nach Basel und wiederholt im Dezember seine Bitte um Mitteilung, ob sie ihm eine deutsche Missionsschwester suchen und senden könnten, oder ob er eine Frau aus seiner Umgebung suchen solle. Ihr Entscheid würde ihm ein Zeichen für Gottes willen sein. Im April 1822 liegt der erste Brief (datiert 14. Sept. 1821) dem Komitee vor.[23] Dort anerbietet sich Präses von Brunn, den Brief zu beantworten. Dass Kindlinger um eine bestimmte Antwort, Ja oder Nein, bat, und selber nicht aktiv werden wolle, bis er von Basel eine Antwort habe, das scheint man nicht verstanden zu haben. Und eine Antwort kommt nicht. Er wartet und wartet. Bei jeder Post hofft er. Nichts! Im Oktober 1822 nimmt er die Sache wieder auf. Erneut schreibt er von seiner Verpflichtung nichts zu unternehmen, bis er eine Antwort habe. Im Basler Komitee wird seiner im April 1823 zweimal gedacht und am 18. April festgehalten: „Wir konnten seine Bitte, ihm die Verbindung mit einer christlichen Person einzuleiten, nicht versagen". Das Komitee nimmt jedoch seine Bitte um einen seelsorgerlichen Rat nicht auf, sondern geht weiter: Sie denken ans „Einleiten" einer solchen Verbindung, wollen aber darüber mit der holländischen Gesellschaft beraten, u.a. ob sie die Kosten übernehmen, und erst aktiv werden, wenn von Kindlinger eine Reaktion auf deren Antwort eingetroffen sei. Im Oktober erreicht Basel ein weiteres Schreiben Kindlingers; wieder beschliesst das Komitee, man wolle sich mit Holland beraten, mit der Bemerkung, „dass wir ihm eine taugliche Person nennen könnten".[24]

Inzwischen erwog Kindlinger auch, um der Mission die Kosten einer Aussendung zu ersparen, selber aktiv zu werden. Nur, er wollte ja Gottes Willen erkennen, dafür suchte er den Rat der Basler Leitung. Und wieder wartet er. Das Ganze wird zur grossen schweren Prüfung. Am 12. März 1823 meldet er sich wieder bei den „zärtlich geliebten Vätern und Brüdern im Herrn" zu Basel: Es sei nun 1½ Jahre, seit er sie um etwas gebeten und sich verpflichtet habe, in dieser Sache nichts zu unternehmen, bis er Antwort von ihnen erhalte, „ob ich hier eine Schwes-ter suchen muss, oder ob es des Herrn Wille ist, dass eine aus Europa kommen sollte." Im September 1823 erreicht der Brief Basel.

---

[23] Laut Kom. Prot. vom 23. April 1822 datiert vom 14. Sept. 1821. Der Brief selber fehlt, Teile davon sind im Schreiben N° 20 vom 5. Dez. 1821 wiederholt.
[24] Kom.Prot. 17. Okt. 1823 (S. 83) § 5.

Im Juni 1823 treffen zwei Kollegen aus der Klasse Kindlingers in Indien ein, Br. Winckler und Br. Irion, der eine vielleicht in Palicate selber zur Arbeit bestimmt. Also: Ein Freund wäre inzwischen da! Die beiden bringen auch Post, einen Brief des Komitees in Basel vom 23. Oktober 1822! Was vernimmt er darin ? Wieder keine Antwort auf seine Frage. Er muss feststellen, dass man aus seinem 2. Brief Dinge herausgelesen hat, als ob er die Nichte des Residenten von Palicate heiraten wolle. Das hatte auch kritische Stimmen erregt. Man hatte ihm also feste Heiratsabsichten untergeschoben, wo er doch erst den Willen Gottes erkennen wollte. Und andere Ungereimtheiten. Er antwortet:

> „Nun aber, nachdem ich mich wieder gebunden habe, ersehe ich aus ihrem Brief, dass die für mich gemeinte Person eines andern werden sollte. Was soll ich nun dazu sagen? Soll ich denken, es sei Gottes Wille gewesen, obgleich es sehr prüfend für mich ist, nachdem ich beinahe zwei Jahre darauf gewartet und eine andere günstige Gelegenheit daran aufgeopfert habe."

„Prüfend für mich" – da schafft sich ja auch Ärger und Enttäuschung Luft. Denn erst vor kurzem hatte Kindlinger auch nach Holland geschrieben, aber auf die klare Frage wieder keine klare Antwort erhalten. Worauf er sich wieder für ein Jahr verpflichtet hatte, in dieser Sache nichts zu unternehmen, selbst wenn er damit eine gute Gelegenheit verpasse. Am 29. Sept. 1823 erhält Blumhardt Kindlingers Brief vom März 1823. Noch selbigen Tags antwortet er.[25] Im November erfährt das Komitee von Holland, dass Kindlinger schrieb, er könnte die Tochter eines dortigen Missionars heiraten, wolle aber warten – bis spätestens April 1824 – bis er ihren Rat bekommen habe. Jetzt will man ihm schreiben, „das Rathsamste möchte seyn, sich mit der in seiner Nähe befindenden Person zu verbinden".

Wieder vergehen Monate, am 8. Februar (1824!) – nachdem Kindlinger wieder jedes Schiff sehnlichst nach Post abgewartet hatte – erreicht ihn Blumhardts Antwort (auf den Brief vom März 1823!). Natürlich ist sie nicht auf dem neuesten Stand. Diesmal will Kindlinger nicht mehr alles berichtigen. Er zählt einfach auf, welche Briefe er geschrieben, und welche er erhalten habe.

Was weiter in dieser Sache geschehen ist, wissen wir nicht.
Jedenfalls heiratet er 1825 eine *Maria van Someren* in Madras. Diese Frau ist auch bereit, mit ihm die Arbeit zu teilen. Auch sie lernt tamulisch und versteht es bald so gut, dass sie eine Mädchenschule gründet. Widerstand regt sich dagegen, auch

[25] Am 17. Okt. 1823 bespricht das Komitee erneut Kindlingers Anliegen. Von der holländ. Gesellschaft liegt eine Antwort vor. Sie wissen um Kindlingers Klagen, obwohl auch sie ihm geantwortet hätten. Sie würde die Kosten übernehmen. Er könnte die Tochter eines Missionars heiraten, wolle aber warten, bis er ihren Rat erhalten habe.

von Seiten vieler Christen: Es sei eine Schande für Frauen, Lesen und Schreiben zu lernen, weil keine anderen lesen können, ausser die Tempeljungfrauen, die die Gesänge der Götter lesen.

Diese ganze Heiratsgeschichte ist darum von besonderem Interesse, weil sie die erste Auseinandersetzung mit dieser Frage im Komitee der Basler Gesellschaft aufzeigt. Es gab zu diesem Zeitpunkt noch keine offiziellen Bestimmungen darüber. Vom Zögling Knecht (BV 4) kennen wir die Aussage, dass das Komitee die Entscheidung darüber dem einzelnen überlasse, und weder im Verheiratetsein noch im Ledigenstand eine Sünde sehe. Die meisten Brüder in Ostindien oder Südrussland waren verheiratet.

Im Falle von Johann Kindlinger kommt es zur grundsätzlichen Diskussion – die aber in keinem Protokoll erwähnt wird – weil Kindlinger um Rat ersucht. Nicht der Grundsatz der Verheiratung ist für ihn die Hauptfrage, sondern, ob es eine Schwester aus Europa sein solle, oder eine aus dem Missionsgebiet. Kindlinger denkt dabei wohl nicht an eine Tamilin, sondern an eine Frau aus dem Kreis der Kolonisten resp. der dortigen Missionare. Er wagt nicht, auf Grund eigener Erfahrung zu entscheiden, was gut, und was falsch, was Gottes Wille sei, und was nicht. Er ist in der Beziehung ein „demütiger" und „willenloser" Zögling der Mission geblieben, der im Entscheid „der Committee" Gottes Willen erkennen will.

Merkwürdig mutet an, dass das Komitee in Basel nichts unternehmen will, bis von Kindlinger eine Antwort auf das Schreiben der Holländer eingetroffen sei. Wo sie doch wissen, dass damit mehr als ein ganzes Jahr verstreicht, bis er ihre Antwort erhält, auf die K. inzwischen seit bald zwei Jahren wartet.

Auch macht es den Eindruck, dass sie in diesem Fall gar nicht nach dem Willen Gottes gefragt haben, sondern sehr sachlich (und bequem!) ihm rieten, das Nächstliegende zu ergreifen.

*

JOH. CHRISTIAN FÜRCHTEGOTT WINKLER (BV 7)

In einer Komitee-Notiz vom April 1816 heisst es über ihn, er sei „einziger Sohn frommer Eltern mit guten Zeugnissen“. Als solcher ist er der einzige Nicht-Handwerker des ersten Klassenzuges. Die Art, wie er seinen Werdegang auf dem Hintergrund seines Glaubens darstellt, verrät auch 1818 noch, nach zwei Jahren Seminar, einen andern Frömmigkeitstyp als die meisten andern. Er ist stärker von bestimmten dogmatischen Formeln geprägt – mit einer Tendenz, auf Andersdenkende, oder noch nicht ganz Erweckte herabzuschauen.

Am 15. Januar 1799 kommt Johann Christoph Fürchtegott Winckler in Stuttgart zur Welt – er ist der mit Abstand jüngste unter den Brüdern der ersten Klasse! Sein Vater war Bortenmacher, Sohn eines Pfarrers. Zum Zeitpunkt der Meldung seines Sohnes ist er schon gestorben. Mutter Christine hat noch 5 weiteren Geschwistern das Leben geschenkt. In Stuttgart besucht er Volksschule, Untergymnasium, Realschule (ohne alte Sprachen) und lernt gut. Er sieht seine Zukunft nicht unter den Handwerkern. Er erstrebt Höheres! Mit 14 Jahren (1813) kommt er zur Konfirmation. Für ihn bedeutet sie Erneuerung des Taufbunds.

Er findet eine gute Lehrstelle bei einem „Kameral-Verwalter“ (Finanzverwaltung) in Vaihingen. Seine Vorgesetzten sind gut zu ihm und behandeln ihn wie ein Vater seinen Sohn. In dieser Zeit geschehen Dinge, die ihn im Innern erschüttern: Er hat einen Unfall, ertrinkt beinahe und wird gerettet; 1814 stirbt sein Vater; im Geschäft ist ein Substitut, der ihn äusserst hart behandelt. Solche Erlebnisse führen ihn wieder ins Gebet.

Auch die Schreibstubenluft befriedigt ihn nicht. Er erlebt Ungerechtigkeiten gegen Menschen in Not, die ihre Rechnungen nicht bezahlen können. Er möchte raus aus diesem Umfeld. So kommt der Wunsch auf, Theologie zu studieren. Er versucht sich abzulenken und sein Leben wieder ganz nach Gott auszurichten. Bei seinem ehemaligen Lehrer Platt und bei Hofrat Jung-Stilling sucht er Rat. In der „Versammlung“ von Vahingen fragt ihn der Vorsteher ganz direkt: „Willst du denn Missionar werden?“ Daran hatte er noch nicht gedacht. Er wird auf das neue Missionsinstitut in Basel aufmerksam gemacht und meldet dort sein Interesse an der Mission an.

In Basel hört man ihn „mit Vergnügen an“. Darauf wird er mit andern zusammen auf Probe aufgenommen. Die Einweihungsfeier am 26. August 1816 wird ihm zum Herzensfest. Im Herbst 1818, nach zwei Jahren also, wird er für den Dienst in Ostindien bei der niederländischen Missionsgesellschaft bestimmt. Dort ist er von 1822-27 tätig. Er verheiratet sich im Jahr 1825 mit einer „vormaligen Residentin von Palicate“. 1827 übernimmt ihn die englische Kirchenmission.

Ganz unerwartet schreibt er im November 1833 aus Madras an Blumhardt: Er müsse dringend das Land verlassen. Im Brief an Blumhardt macht er zunächst nur Andeutungen:

„Seit dem 11. Okt. haben sehr unglückselige und betrübliche Familien-Verhältnisse zwischen mir und meiner bisher herzlich geliebten Frau mich von ihr – wenigstens vorläufig – losgerissen. Da aber die Sache noch nicht zu Ende ist und ich nicht wünsche, solche betrübende Umstände vorher zu erzählen, so lassen Sie sich vorerst hieran genügen. Dies verursachte nicht nur meine plötzliche Abreise von Mayaveram nach Madras, sondern wird auch nach den Ansichten der Comität und nach meinen eigenen, durch gewisse Umstände verursachten Ansichten wohl meine baldige Zurückreise nach England, Holland und Deutschland nötig machen."

Weil er sich nicht nur um die Erziehung seiner Kinder, sondern besonders auch um die Bekehrung seiner Frau Sorge macht, ist anzunehmen, dass seine Frau ihm untreu geworden ist und er sehr plötzlich die Konsequenzen gezogen hat. Im Sommer 1834 erreicht er London. Von dort aus schreibt er eine 32 Seiten lange Begründung und Rechtfertigung seiner Heimreise, zuerst aber von feindlichen Umtrieben der Feinde des Kreuzes, die ihn aus der Welt zu schaffen suchten. Im Rahmen solch teuflischer Versuchungen sieht er das folgende:

„Diese Gelegenheit verschaffte ihnen meine – leider ! zutiefst gefallene Frau. Schon im Jahr 1828 ... machte ich leidige Erfahrungen von ihrer unbeständigen Treue, die sie mir auch selbst nachher bekannte und ich ihr vergab. Darauf schien sie sich gründlich zu bekehren und ich glaube auch, dass der Geist Gottes mächtig auf sie einwirkte, bis sie im Jahr 1829 aus Veranlassung körperlicher Schwäche nach ihrem Wunsche und des Doktors Rat eine Reise zu ihren Eltern nach Palicate machte.... Während dieser Zeit hat wahrscheinlich eine unselige Bekanntschaft mit dem Archdiaconus Robinson in Madras angefangen, der damals auch mehrere Wochen lang in Palicate sich aufgehalten hatte."

Im Februar 1830 sei derselbe auf Visitationsreise für einen Tag bei ihnen zu Gast gewesen. Zwar habe sie sich merkwürdig verhalten, er habe es aber nicht beachten wollen. Sie aber ist schwanger, gebiert im Dezember einen Sohn, dem auf ihren Wunsch der Archdiaconus Pate sein solle. Allen fällt die Ähnlichkeit des Kindes mit diesem auf. Erst da habe er die Zusammenhänge erkannt. Das Kind stirbt zwar bald. –

Später sind Missionare bei ihnen zu Gast; einer, noch ledig, habe unter ihren Annäherungsversuchen zu leiden gehabt. Ein anderes Mal brauchen sie für ein Kind den Arzt. Auch da habe er Spuren der Untreue entdeckt, aber nie klare Beweise dafür gehabt. Das geht weiter bis hin zum Verdacht, man wolle ihn vergiften, und er seine Frau verdächtigt, sie schlägt und sie sich gegenseitig der Zauberei beschuldigen.

Er kehrt heim und wird 1834 aus dem Dienst der CMS entlassen. Verschiedene spätere Briefe an Blumhardt aus Stuttgart und Kirchheim zeugen davon, dass er diese Verbindung weiter unterhält. Er stirbt am 6. Dezember 1858 in Kirchheim an der Teck (Württemberg).

Diese Geschichte zeigt natürlich auch dem Komitee in Basel auf, dass eine Heirat mit Leuten aus der Kolonialverwaltung ihre problematischen Seiten haben konnte. Was sehr für Zurückhaltung in Sachen Heiratswünsche, und dann auch besonders für die Auswahl durch das Komitee selber sprechen würde.

Was Winckler selber betrifft: Vielleicht hoffte er ja, die Frau, durch die Heirat von ihrem betrüblichen Lebenswandel zu bekehren. Das allerdings würde zeigen, wie schlecht vorbereitet diese Leute in die Ehe eintraten.

*

JAKOB SESSING MÖCHTE HEIRATEN

EINE FUNDGRUBE: JACOB F. SESSINGS TAGEBUCH

Jacob Sessing, geboren am 28. Mai 1802 im Odenwald, ab 1804 in Basel wohnhaft, wo seine Eltern der Herrnhuter Brüdergemeine angehören, verliert früh den Vater, mit 10 Jahren auch noch die Mutter. Er wird über die Gemeinde bei frommen Pflegeeltern untergebracht. Über allerlei Umwege kommt er 1822 ins Missionsinstitut, wird nicht der beste Schüler – seine grössten Gaben liegen im handwerklichen Bereich; aber, von ihm sind acht dicke Tagebücher erhalten, in winzig kleiner Schrift. Als Tagebuch beginnen die Blätter im Jahr 1826, vorangestellt sind Notizen über seine Eltern und Voreltern, über seine Jugend, und Abschriften von älteren Notizen aus dem Missionsseminar. Es folgen seine verschiedenen Lebensabschnitte in Afrika, weitere Arbeitsbereiche und schliesslich in Deutschland bis ins Alter. Das Tagebuch ist für Sessing der Ort, wo er mit Gott im Gespräch steht, bekennt, dankt und betet. Im Gegensatz zu andern Tagebüchern aber schreibt er nicht nur über sein seelisches Ergehen oder privates Erleben, sondern gibt er immer wieder Einblick ins Leben des Seminars, in Gespräche mit dem Inspektor, Erlebnisse an besonderen Anlässen.

Gegen Ende ihrer Ausbildungszeit wurden die Zöglinge jeweils gebeten, noch einmal einen Lebenslauf zu schreiben. Zwei Hauptfragen beschäftigen da die angehenden Missionare: Wohin wird Gott mich schicken? Und: Wie wird das mit dem Heiraten sein? Sessings Denken kreist in dieser Zeit zunächst um die erste Frage: Wird es nach Südrussland (z.B. Schuschi) gehen oder etwa nach Afrika, und wenn Afrika – mit den Dänen zur Goldküste, oder ans Cap Mesurato, also Liberia. Wie immer deutlicher wird, dass der Weg nach Afrika führen soll, stellt sich eine dritte Frage: Könnte seine ältere Schwester, die schon seit ihrer Jugend dem Herrn „unter den armen Heiden", d.h. in Afrika, dienen wollte, mit ihm kommen.

Aber da brennt die andere Frage. Sein „Fleisch und Blut" – lies seine Sexualität – machen ihm immer wieder zu schaffen. Beim Eintritt ins Seminar hatte er „ein Versprechen gethan ledig zu bleiben", um so ungestört und ungehindert dem Herrn dienen zu können. Ob er das überhaupt durchhalten kann? Das bezweifelt er jetzt immer mehr. Irgendwann habe er auch Blumhardt etwas von seinen Schwierigkeiten berichtet, der habe ihm geantwortet, er müsse beten – und sei damit über seine Frage einfach hinweggesprungen.

Zum Umgang mit der ganzen Frage der Sexualität und mit den Schwierigkeiten, die die „Zöglinge“ dabei erfuhren, berichtet Sessing Erstaunliches. Anders als es sonst oft den Anschein erweckt, haben die „Vorsteher“, mit den Zöglingen damals auch über Fragen der Sexualität gesprochen. Nach einem Gespräch mit Präsident Von Brunn wird Sessing auch bei Inspektor Blumhardt gefragt, *„ob er noch immer Lust habe, dem Herrn unter den Heiden zu dienen.“* Das kann Sessing mit Freudigkeit bejahen.

> „Nachher fragte er mich auch in Hinsicht auf den Geschlechtstrieb, wie es stehe: dass ich mich nemlich ganz dem Herrn hingeben würde und mich darauf gefasst mache, mein Leben lang ledig zu bleiben. Ich erwiderte ihm, ich habe mich dem Herrn ganz übergeben. Wenn es nun dem Herrn gefällt mir in Zukunft eine Gehilfin zu geben, so sey mir das recht, müsse ich aber ledig bleiben so hoffe ich, Kraft von ihm zu empfangen zu kämpfen wider mein Fleisch.“

Im Gegensatz zum sehr nüchternen Inspektor scheint Von Brunn mit offeneren Ohren und seelsorgerlich hilfsbereitem Herzen zugehört und geraten zu haben.[26]

GESPRÄCH MIT PFR. VON BRUNN

Ende Januar 1827 sucht Sessing ein Gespräch mit Pfr. von Brunn, bei dem er einst in Liestal konfirmiert worden war. Vor allem die Heiratsfrage und, ob seine Schwester in die Missionsarbeit aufgenommen werden und ihn nach Afrika begleiten könnte, liegen ihm auf dem Herzen. Er fürchtet

> „beim Blick auf Africa – wo sich die Wollust in mächtigster Nacktheit und Blösse darstellt, wo ich ganz allein für mich dastehe, wo sich mir alle möglichen Gelegenheiten zum sündigen Genuss darbieten – da schwindelt es mir u. ich weiss nicht wie mir helfen“

Mit teilnehmender Wärme nimmt Von Brunn die Klage des Seminaristen auf

> „Glaube mir nur, dass dich der Ehestand nicht heilt, denn wenn man auch heirathet u. den Genuss einmal kennt, nacher aber durch Krankheit der Gattin davon getrennt wird, so wird das Verlangen und die Begierde noch grösser u. man steht in einer doppelt gefährlichen Lage. Du glaubst nicht, was der Ehestand für Leid mit sich führt.“[27]

Dann fragt er ihn, ob er denn schon jemanden im Auge habe. Das kann Sessing klar verneinen, er kenne zwar einige “Weibswesen“ dem äusseren nach, aber kei-

---

[26] Sessing besuchte, als er in Liestal lebte, vermutlich bei Von Brunn den Konf.-Unterricht

[27] Da spricht Von Brunn aus seiner Erfahrung einer sehr schwierigen Zeit in seiner ersten Gemeinde

nes „dem Herzen nach näher". Auf den Vorschlag, sich in dieser Sache dem Inspektor anzuvertrauen, antwortet Sessing:

> „… ich weiss wohl, aber ich finde doch, dass er der Mann nicht ist, dem man so etwas mittheilen kann. Ich that es auch schon, aber er sagte eben nur: du musst beten u. dich recht an den Herrn halten u. so springt er über diesen Punkt hinweg. Ja dass ich beten muss, das weiss ich schon vorher, u. der Herr weiss auch, dass ich geseufzt habe …" –

Zum Schluss gibt ihm Von Brunn folgenden Rat:

> „Hör l. Bruder... ich will dir einen Rath geben: Suche nichts, aber bitte fleissig zum Herrn, dass er dir s. Willen kund thun möge u. so gehe in Gottes Namen allein von hier fort u. wenn du auf der Reise oder irgendwo eine Person findest oder dir der Herr entgegenführt, so warte auf den Finger des Herrn. Findest du ihn u. jene Person auf d. Herzen, so verbinde dich mit ihr."

Das sind befreiende und beglückende Töne für Sessings geplagte Seele. Am folgenden Tag setzen sie das Gespräch fort. Brunn ist wieder „sehr liebreich und theilnehmend". Da kommt auch der 2. Punkt, Sessings Schwester, die gerne in den Missionsdienst eintreten möchte, zur Sprache. Dabei stösst Sessing auf Wohlwollen, sowohl bei Von Brunn wie später bei Blumhardt, und sogar, bei Herrn Linder, dem Vertreter der Brüdergemeine innerhalb der Missionsleitung. [28]

DIE ENTSCHEIDENDE FRAGE

Am 15. Februar eröffnet Blumhardt Sessing den Beschluss des Komitees vom Vortag, ihn zusammen mit Br. Handt und Hegele nach Liberia zu schicken. Blumhardt hatte früher schon Sessing und zwei andere Brüder zum fleissigen Englisch lernen ermuntert – das war ein Wink in Richtung Westafrika. Nun folgen konkrete Fragen. Eine erste, ob er überhaupt eine Neigung „zu den Negern" habe, kann Sessing freimütig bejahen. Darauf setzt der Inspektor zum entscheidenden Punkt an:

> „Nun gut, jetzt habe ich dir drey Punkte vorzulegen, die du im Stillen vor dem Herrn überlegen und prüfen musst….
> 1. Glaubst du, wenigstens für die ersten zwey Jahre unverheirathet fortgehen zu können, wenn du die Hoffnung hast, in ein paar Jahren verheirathet zu werden.

[28].Auch im Komitee begrüssen sie den Vorschlag, denken aber sehr schnell daran, dass in dieser Schwester auch eine Gattin für einen der nächsten diesbezüglich anfragenden Missionare gefunden werden könnte.

2. Kannst du mit den beiden Brüdern Handt und Hegeli gut u. einig fortkommen, ... und dich entschliessen, deine Lebensbahn im Werke des Herrn mit ihnen zu durchlaufen.
3. Kannst du dich dazu verstehen, deinen Missionsberuf ... fortzusetzen, wie es dir schon bereits bekannt ist: Dass ihr sobald als möglich sucht für euch selber zu sorgen, um der Missionskasse an andern Orten ihre Quelle zur Ehre des Herrn fliessen zu lassen."

Diese drei Fragen legt er ihm ans Herz: „Bete, frage und prüfe vor dem Herrn und lass dir Klarheit schenken. Bist du im Reinen, so komm zu mir, dann wirst du das weitere erfahren." Die Pnkte 3 und 2 kann Sessing ohne weiteres mit JA beantworten, nicht so bei Frage 1:

„Was aber den ersten anbetrifft, so weiss ich Ihnen wirklich noch nicht zu antworten. Ich sehe wohl klar, dass das nach menschlichem Gutdünken der einzig richtige und gerade Weg ist, den Sie soeben genannt haben. Und ich würde mich gerne darin bequemen, wenn ich wüsste, dass ich's könnte. Aber ich möchte lieber zurück an meinen Hobelbank, als mit frechem Sinn fortgehen und dort einen grossen Fall tun u. die Ehre des Herrn schänden."

Es könnte ja sein, dass das Komitee ihm befehle zu heiraten, er aber – weil der Herr anderes vorhat – nirgends eine passende Frau finde. „Ich will nichts bey der Sache thun, der Herr muss es thun und wird's auch thun". Er stellt klar Gottes Willen und Führung über die Meinung des Komitees. Darin gibt ihm Blumhardt durchaus recht, hält ihm aber vor, dass in Württemberg jeder Pfarrer erst mit 30 Jahren heiraten könne, da habe er, Sessing, mit 25 Jahren noch viel Zeit! Mehr Diskussion lässt der Inspektor nicht zu.

Wenig Tage später meldet sich Sessing wieder beim Inspektor, um ihm seine Meinung zu den drei Punkten zu sagen. Punkt 2 und 3 waren ja klar, aber zum ersten Punkt sagte er:

„Dass ich durchaus nichts (d.h. keine Frau) suchen wolle, weder hier noch auf der Reise, dass ich aber nichts versprechen könne, noch wolle, indem ich dem Herrn nicht entgegen wirken wolle, wenn er irgendetwas mit mir vorhätte und mir einen Wink geben wolle."

Blumhardt geht darauf nicht ein. Die Sache sei, dass sie gar nicht anders könnten.

„Das Werk selber ist eines, ihr seid die andern. Das Werk ist die Hauptsache, ihr seid demselben untergeordnet, folglich müsst ihr euch nach dem Werke richten. Das Werk aber stellt uns klar u. deutlich vor die Augen, dass an so etwas (d.h. ans Heiraten) für die ersten Jahre nicht zu denken ist."

Dem Verstand leuchte das ein, meint Sessing, „aber mein Herz u. Gemüthe konnten dennoch zu einem Verstehen nicht einstimmen". So fragt er weiter, wie das wäre, wenn er jetzt ein Versprechen ablege, ihm der Herr aber später einen Wink in anderer Richtung gäbe. Damit bringt er den Inspektor kurz in Verlegenheit, er antwortet mit einer eigenen Erfahrung. Sessing darauf:

> „Ich sagte nun: Ich gebe Ihnen meinen ganzen Willen hin, nehmen Sie dieses für ein Versprechen an, aber mehr kann ich nicht thun. – Er erwiderte: Überlege es lieber noch einige Zeit und dann sage es mir wieder. Du musst deiner Sache gewiss sein. - Ob ich wollte oder nicht, ich musste wieder gehen; u. wirklich, Herr Insp. hatte mich so überzeugt, dass es mir ganz klar war, dass an so etwas nicht zu denken war."

Aber Ruhe lässt ihm die Sache nicht. Am folgenden Tag kann er sich nochmals mit Pfr. Von Brunn darüber auszusprechen. Er erzählt, wie er die beiden letzten Fragen ohne weiteres habe bejahen können, „... über erstere aber hatte ich noch einen Anstand, und dass ich nichts von der Art versprechen könne." – *Von Brunn* findet das nur recht und billig und bestärkt Sessing, er solle nur fest dabei bleiben und nichts versprechen. Es stellt sich heraus, dass er selber nicht an der letzten Sitzung war,

> „sonst hätte er das nicht geschehen lassen; aber er wisse wohl, es seyen nun ein paar Kaufleute, die nichts von Seelsorger Erfahrung wissen und dann so etwas haben wollen.[29]

Noch einmal betont von Brunn: Wenn unterwegs „etwas auf dem Weg funkelt, dann greife zu", dann habe die Committee nichts einzuwenden, wenn er aber eine von hier mitnehmen wolle, dann schreie alles dagegen! Damit ist Klarheit geschaffen. Sessing wird bei seiner bisherigen Antwort bleiben. Noch am gleichen Abend redet er mit dem Inspektor und sagt ihm in bestimmten Worten:

> „- dass ich der Committee versprechen wolle, nichts zu suchen, im Gegentheil - dass ich aber durchaus kein Versprechen thun kann. ... soll ich Ihnen etwas versprechen, mich nachher quälen und Übertreter werden...."

---

[29] Kom.Prot. X, 1826-7, S. 117 Sitzung vom 14. Febr. 1827: tatsächlich fehlte von Brunn, aber im Protokoll ist keiner der 3 Punkte aufgeführt, nur dass die drei noch Einführung ins Bauhandwerk bekommen sollten, und dass, *„obgleich die Cé das ledige Ausgehen aller 3 Brüder wünscht, dennoch namentlich mit Br. Sessing zuvor genau über den Punkt der Verheirathung ausgeredet werde."*

Wie der Inspektor ihn so bestimmt reden hört, lenkt er ein: „Ich für mein Theil habe nichts dagegen, du bist von der Wahrheit der Sache so überzeugt wie ich, findest du nun mehr Beruhigung darin, ist's mir recht." Und rät ihm, mit den übrigen Komitee-Mitgliedern ebenso bestimmt zu reden. Man wolle kein eisernes Joch auflegen, nur müsse alles den gesunden Weg gehen. Und so bleibt es dabei.

Die Geschichte ist damit allerdings noch nicht zu Ende.
Ende März erhalten die drei Brüder Handt, Sessing und Hegele über den Inspektor die letzten Anweisungen für die Abreise. Am 1. Mai greift Sessing wieder zur Feder. Am Dienstag vorher waren sie alle drei aufs Land gezogen, um Abschied zu nehmen: zuerst nach Pratteln, gleichentags nach Liestal, und darauf nach Bubendorf. In Liestal ist Sessing bei „den lieben Hochs", die beiden andern bei Heinimanns, wo sie viel Liebes und Gutes erfahren. Von Liestal geht es dann weiter nach Lausen, Sissach, Wintersingen und Oltingen, Rothenfluh, Buus und Maisprach. Zurück in Liestal findet Sessing die „lieben Hochs" gerade beim Nachessen, auch die Susette. Wie er in sein Schlafzimmer kommt, findet er dort ein Päckchen „für den lieben Br. Sessing" mit Tabak, Geldbeutel, etwas Geld – was ihn tief beschämt. Am nächsten Morgen will niemand von Dank etwas wissen, im Gegenteil, er müsse noch sagen, was er sonst noch nötig habe. Ja, ein Strumpfband könnte er schon noch brauchen, „welches sie mir mit 1000 Freuden machen wollen".
Am andern Tag, gibt es noch ein paar Stunden für den Abschied von der Familie. Dann heisst es Liestal – für immer? – zu verlassen. Wirklich?

> „Doch ein Funke, ein Schein, glimmt wie von Ferne: ‚Ich werde diese Familie wieder sehen und mit ihr mich fester vereinigen'. Da dieses Fünklein vielleicht dereinst wirklich zum Licht werden kann, so muss ich hier meine Gedanken und Gefühle aussprechen: Susette, die älteste, die noch unverheiratete Tochter, ist in meinem Alter u. ging mit mir in Unterricht. Von jeher liebte ich sie ihres würdigen Geschmacks u. aufrichtigen Sinnes wegen..."[30]

Er weiss, dass sie dem Missionar Fletnitzer in Russland „versprochen" ist, deswegen aber viel Unsicherheit erlebt. Sessing fügt an:

> „Da wir letzten Donnerstag durch Liestal gingen u. übernachteten, musste Susette noch das Bett hüten, denn sie war sehr angegriffen. Sie verlangte mich zu sehen, ich ging deshalb zu ihr hinauf und sprach ganz frei mit ihr. Sie erzählte mir ihre Gefühle und Erlebnisse hinsichtlich ihres Handels mit Fletnitzer u. ich erzählte ihr wie ich über diesen Punkt des Heirathen stehe, sowohl für mich u.

[30] Eine Randnotiz weist auf S. 486: Fortsetzung dieses Fünkleins!

> auf die Mission. Alles, was ich ihr sagte, gefiel ihr. Wir schieden mit den Worten: Des Herrn Wille geschehe an uns beiden. Das Herz fühlt und denkt, der Mund muss in solchen Fällen schweigen. So ging es mir.“

Da ist wirklich ein Fünklein, und etwas von Hoffnung zu spüren!

ZWEI JAHRE SPÄTER

1829. Inzwischen war Sessing mit Handt und Hegele nach Liberia ausgereist. Hegele wird krank, leidet an Depressionen und muss heimreisen. Sessing soll ihn nach Sierre Leone bringen, damit er mit Br. Metzger die Weiterreise nach Basel antreten kann. Aber sie kommen zu spät. Das bedeutet: Sessing muss Hegele nach Basel begleiten, obwohl dadurch der Anfang einer verheissungsvollen Arbeit unter den Bassa unterbrochen wird. Am 1. Juni 1829 erreicht er Basel, der kranke Kollege wird von dort nach Hause gebracht. Sessing bespricht mit der Missionsleitung die Arbeit in Liberia resp. in Afrika überhaupt – inzwischen sind Basler Missionare auch nach der Goldküste ausgereist. Ganz selbstverständlich stellt sich jetzt die Frage der Verheiratung. Nach der seinerzeitigen Instruction könnte er jetzt um Heiratserlaubnis nachsuchen.

Am 22. Juni fragt ihn der Inspektor, „ob ich zu heirathen gedenke oder ledig ausgehen wolle“. Natürlich möchte Sessing heiraten – nur die Zeit ist knapp, in 7 Wochen soll er ja mit neuen Brüdern ausreisen. Er wünscht jedoch, dass mit seiner Gattin gleich eine ledige Frau als Gehilfin mitkomme soll und bittet den Inspektor, dies vor der Committee zu vertreten.

Soweit ist dieser mit allem einverstanden, doch dann setzt er plötzlich neue Grenzen: Dass nämlich ein jeder es sich zur Gewissensache machen sollte, seine Frau nicht anzurühren, bis sie in Afrika Fieber durchgemacht hat und wieder ganz gesund ist. Das darf Sessing nicht ablehnen, obwohl er es für unmöglich erachtet. Dann müsse man allerdings auch ledige Schwestern in den Missionsdienst schicken, die nach 2 Jahren sowohl akklimatisiert und somit frei wären zu heiraten, meint er.

Die nächste Committee-Sitzung nimmt das Anliegen nicht auf. Nur hinterher erfährt er, dass es einige Opposition gebe. Erst die Sitzung vom 26. Juni berät darüber. Das Protokoll vermerkt kurz: „Was die Verheirathung Sessing betrifft, so fand die Committee viele Bedenklichkeiten“. Ungeduldig wartet Sessing am Samstagmorgen auf Bericht – und wird bitter enttäuscht:

> „Ich kam also mit klopfendem Herzen hinauf zu Insp. um mein Urtheil zu hören, denn anders kam es mir nicht vor. … Das Resultat war, dass sie alle einsa-

hen, dass ich mich verheirathen kann und solle, dass ich aber diesmal noch ledig gehen sollte, um erst Grand-Bassa zu erlernen und dann an so etwas denken könne. Bes. waren die Herren Kaufleute so vätterlich gesinnt, vergleichten uns mit reisenden Kaufleuten, die auch nicht verheiratet sein können, warum denn wir immer gleich an so etwas denken, da doch so viel von Verleugnung gesprochen werde. (und dann) ..., wir sollten aus Negerinnen Missionarinnen bilden etc. Ich mag kein Wort mehr davon hören."

Bei Von Brunn erfährt er am Nachmittag einige Details: Sie hätten noch nie eine solche Sitzung gehabt, die Prediger seien alle für Sessings Anliegen gewesen, die andern (d.h. die Kaufleute!) dagegen. Auf von Brunns Anraten besucht Sessing nun die Vorsteher einen nach dem andern, mit unterschiedlichsten Erfahrungen. Spittler macht ihm dabei einen neuen Plan beliebt:

„nemlich er wolle lieber meine beiden Schwestern mit mir ziehen lassen, um wenigstens dort ein formelles Familien-Verhältnis zu bilden. Ich könnte dann ungestörter meine Arbeit forttreiben, an meinen Schwestern Pflege und Trost haben, und später hätte meine lb Gattin auch ihre Pflegerinnen und wer weiss, wenn sie mit mir über America reisten, ob sie in ihren weiblichen schwesterlichen Missionskreisen daselbst nicht meine Gattin besser finden und erkennen würden als ich selbst."

Am 2. Juli wird er abends 9 Uhr tatsächlich vor die Committee gerufen und erfährt folgendes:

„Da ich nicht wisse, ob ich das Clima in Africa wieder aushalten könne, wenn ich zurückkomme, ich auch noch an niemand gebunden sei u. auch weil die Zeit bis zur Abreise so kurz ist, so halte die Com. für besser, wenn ich noch einige Zeit ledig hingehen könne.- Doch wenn ich vielleicht unterdessen noch mit einer Person in Kontakt komme, möchte ich es beizeiten sagen, dass man noch einmal darüber sprechen könne."

Er mag darauf nichts entgegnen.

Wieder Gespräche mit verschiedenen Komitee-Mitgliedern. Ungereimtheiten kommen zum Vorschein, einer beklagt sich, in den Sitzungen werde nicht wahr genug gesprochen, ein anderer, die Instruction mit der 2-Jahres-Klausel sei dem Komitee nie zur Kenntnis gebracht worden udgl. Plötzlich will auch Spittler nichts mehr von einer Heirat Sessings wissen. Und wie Mitte Juli alles im positiven Sinn entschieden scheint, findet das Komitee eine weitere Bedenklichkeit: Sessing habe „keine Heimat", ohne die könne er doch nicht heiraten.[31]

WAS IST DIE INSTRUCTION WERT?

In der folgenden Beratung kommt heraus, dass ihm vorgeworfen wurde, nicht den geraden Weg gegangen zu sein, den rechten Verleugnungssinn nicht zu haben, sich nicht füge, wie ein Bruder sollte und schliesslich, dass er einfach etwas erzwingen wolle. Sessing verweist auf die Instruction, und fragt, ob die Committee ihm, gemäss der ihm gegebenen Instruction Aussichten für die Zukunft gebe. Das löst eine breite Diskussion über den Sinn der Instruction aus. Pfr. LaRoche argumentiert, dass das Komitee jederzeit auch gegen die gegebene Instruktion handeln dürfe, worauf Sessing entgegnet:

> „Wenn die Com. eine Instruction aufstellt u. davon abweicht, ohne sich mit ihren Missionarien darüber zu verständigen, so haben sie uns damit das Recht in die Hände gegeben, auch so zu verfahren u. hie u. da nach unserm Gutdünken davon abzuweichern …"

Und nach weiteren Argumenten doppelt er nach, wenn das Komitee weiter so handle, könne er nicht anders, „als alle Brüder dafür zu warnen u. zu rathen, ja kein solches Versprechen zu thun".

Das ist natürlich starker Tabak für die Komitee-Herren. Einige raten ihm, in Amerika nach einer Frau zu suchen. Nur, das ist kein Trost für Sessing. Nach sinnloser Diskussion, interveniert schliesslich Von Brunn: „Ich glaube, wir können dem l. Bruder keinen andern Trost in s. Lage geben, als wenn wir ihm versprechen zu thun, was wir können."

Nach einer Viertelstunde Beratung ohne Sessing, teilt ihm Von Brunn mit, das Komitee wolle seinen Wunsch zu heiraten nicht behindern, er müsse sich aber um eine „Heimat umsehen" (d.h. ein Bürgerrecht finden). Gleich am folgenden Tag begeben sich Sessing und Br. Büchelen zu Spittler, um mit ihm das weitere Vorgehen für die Lösung des „Heimatproblems" zu beraten.

OB DER HERR ETWAS ÜBER DEN WEG SCHICKT?

Am 4. Juli, schreibt Sessing, nachdem Von Brunn ihm über die letzte Komitee-Sitzung einige Details erläutert hatte, kam Büchelen

[31] Da greifen einige auf die von den Russlandbrüdern 1823 abgelehnte Verordnung zurück, die 1825 zusammen mit Dittrich völlig neu bearbeitet wurde.

„mit mir zum Beschluss, ... eine M. M.[32] in einem kleinen Briefchen um ihre Gesinnung zu fragen. Von ihr hatte ich am Fest einen Eindruck bekommen wie noch von keiner andern seit meinem Hiersein. Der Herr gebe mir seinen Sinn und Willen klar zu erkennen, dass ich doch ja keine Thorheit begehe, die mich zeitlebens wurmen würde.

Aber wie das anpacken? Sessing zieht auch da Br. Büchelen zu Rate. Der meint, es sei besser, ein anderer tue das für ihn, damit er nicht selber den Korb einstecken müsse und ist bereit, es für Sessing zu übernehmen. Über Nacht wird Sessing klar, wie viel da noch auf ihn zukomme. Auch wenn die Frau „ja“ sagt - er kennt ja bis jetzt weder ihr Herz noch ihre Fähigkeiten; da ist noch viel nötig. Inzwischen erfährt Büchelen den Wohnort der Eltern, die seit langem Christen und erweckt seien. Büchelein kennt den Bruder der jungen Frau. Ihn wird er bitten, seiner Schwester, die zum Fest zu Gast war, ein beigelegtes Brieflein zu übergeben.

Sie warten auf Antwort. Da überstürzen sich andere Ereignisse. Bruder Gruner aus dem Seminar meldet, die beiden Töchter Hoch aus Liestal, Sophie und Susette seien hier und möchten Sessing sehen. An seine Jugendliebe Susette Hoch hat Sessing in seinen jetzigen Überlegungen nicht mehr gedacht. Sie war ja seit Jahren einem andern Missionar „versprochen“. Er geht und trifft beide in einem bemitleidenswerten Zustand: Sophie, seit gestern Ehefrau des Pfr. Wilhelm im Kanton Graubünden, wird heute das väterliche Haus in Liestal verlassen. Und Susette scheint eben erst vernommen zu haben, dass ihr Geliebter, Br. „Fletnitzer in Russland, den sie treulich Jahre lang liebte“, in Odessa eine andere Frau geheiratet hatte.

„Ich... konnte ihnen keinen Trost geben, besonders mit Susette musste (ich) sehr vorsichtig umgehen, u. so sassen wir meistens wortlos beisammen. – Ich versprach mit ihnen zu kommen, wenn immer es möglich würde.“

Dazu kommt es dann aber nicht, obwohl um 4 Uhr Pfr. Wilhelm ihn nochmals dazu zu bewegen suchte. Denn inzwischen wartet Büchelen in seinem Zimmer mit einem Brief, allerdings noch nicht die Antwort auf das Werbe-Brieflein, sondern von seiner Schwester Lorchen. Erst am Samstag lässt der Bruder der M. M. ausrichten, dass sie

“den theuren und wichtigen Beruf einer Missionarsgattin kenne u. beneide, dass sie sich aber zu untüchtig und im Verleugnen zu schwach fühle einen Ruf von

[32] Im Original findet sich (in neuerer Schrift) ein Querverweis auf S. 467, wo Sessing über die Begegnung mit einer jungen Frau am Bibelfest in Beuggen berichtet, die ihm einen besonderen Eindruck gemacht hatte. Der volle Name ist vermutlich *Madeleine Merian*.

> dieser Art anzunehmen. Sie wünsche mir jemand, der mir mehr leisten könne, werde aber immer den grössten Antheil an mir und meinem Werk nehmen etc. Also wusste ich, wo ich dran war.“

Er war darauf gefasst und will sich ja ganz in den Willen des Herrn schicken, „nur meine ich immer noch, wenn es nicht von selbst gehen wolle, müsse ich eben auch meine Sache thun“.

Schon am nächsten Tag, Sonntag, 12. Juli, hatte Büchelen mit Bruder Gruner über dessen Schwester gesprochen. Sie hatte auch schon eine Verbindung zu einem Missionar, diese aber wieder aufgelöst. Nun liest Sessing Briefe von ihr an ihren Bruder. Mit Präsident Von Brunn plant er eine Reise: In Stuttgart soll er Blumhardt treffen, der dort zur Erholung weilt, und bei der Gelegenheit auch die grunersche Familie in Calw kennen lernen. In Stuttgart soll er sich mit dem Kaufmann Häring und Josenhans weiter beraten. Etwas später erst, als er erhofft hatte, kann er reisen und kommt am 21. Juli in der Morgenfrühe in Stuttgart an. Am 26. kann er Herrn Häring sprechen. Der zieht sofort Herrn Josenhans bei. Sie raten Sessing, mit der Frage der „Heimat“ zu warten, bis die Frage, die Verheiratung, geklärt sei, weil er dann über die Frau eingebürgert werden könne. Die Reise nach Calw wird vorbereitet. Dort werden sie Freunde besuchen und die Familie Gruner treffen.

Am 27. Reist er ab, mit Briefen in der Tasche und zwei Missionsbrüdern als Begleitung. Ein merkwürdiges Gefühl überkommt den sonst nüchternen Sessing:

> „Mir war diese Reise eine der Wichtigsten u. mein Herz pochte, als wir Calw erblickten. Morgen sollte ich den Gegenstand meiner Reise u. meine künftige Liebe das erstemal erblicken. Ach gieb mir, du Heiland, den rechten Blick u. deinen Willen zu erkennen“

Und am andern Morgen:

> „Also heute sollte ich meine Tabitha das erstemal sehen, die Sache, mit der ich mich auf Leben und Tod verbinden, die Freude und Leid mit mir theilen sollte auf meiner Lebensbahn. So dachte ich diesen Morgen als ich aufstand.“

Nach dem Frühstück kommt Gruner und holt die Brüder ab. Sie treffen die Mutter, eine „liebefühlende Seele. Erst nach und nach folgen Tochter Tabitha und die übrigen Geschwister.

> „Ihr erster Anblick machte zwar kein so besonderen Eindruck auf mich, aber mein Herz hatte auch nichts auszusetzen. Ich wusste aber wohl, dass, wenn ich einmal das Recht hatte, ich sie lieben und geniessen kann von ganzem Herzen.“

Aber soweit ist es noch gar nicht.

MEHR ARBEIT IST NÖTIG

Denn jetzt taucht ein neues Hindernis auf.
Die frühere, aufgelöste Verbindung mit einem Missionsbruder ist noch nicht ganz verdaut. Irgendwo spürt Sessing ein Hemmnis. Er ist verwundert und bestürzt und beschliesst, „dieser Scheu nachzusinnen und im Fall ich mich nicht täuschte, sogleich wieder nach Stuttgart zurückzukehren." Am Nachmittag sind sie bei Gruners zum Kaffee eingeladen, die beiden Töchter sind derweil im Strickverein. Dafür gesellt sich Herr Federhaff, Gastgeber für die Missionsbrüder, dazu. Diesem eröffnet Sessing am Abend, wofür er eigentlich hier sei, und dass man ihn, Herrn Federhaff, bitte, für Sessing die ersten Schritte der Werbung bei Gruners zu unternehmen. Sie beschliessen, Federhaff solle mit Vater, Mutter und Tochter Gruner reden und sich auch mit einem Beamten über die Schwierigkeiten hinsichtlich „meines bürgerlich werden" beraten.

Im Pfarrhaus von Stammheim, bei Pfr. Handel, kann Sessing seine Sorgen erzählen. Frau Pfarrer hört besonders teilnehmend zu, „gibt ihnen die besten Zeugnisse für die Tabitha", und räumt damit schon einige der Schwierigkeiten weg. Ganz unerwartet taucht am folgenden Morgen Br. Gruner auf und bringt Nachricht: Mutter und Tochter sagen freudig JA, der Vater hat noch keine Klarheit. Herr Federhaff hat also seinen Auftrag erfüllt. Die ganze Gesellschaft begibt sich darauf zurück nach Calw. „Welch ein Gefühl – schreibt Sessing – wie ich jetzt die Mutter und die Tochter bewillkommnen" konnte! Die Mutter nimmt ihn auch gleich beiseite, um mit ihm allein, „nach Herzenswunsch" reden zu können:

> „Sie … frug mich, ob (ich) denn das Zutrauen zu ihrem Tabithly hätte? Worauf ich antwortete, dass ich nur Gutes von ihr gehört habe, dass, wenn ich selbst wählte, ich mich betrügen könnte, wenn aber der Herr wähle, so wisse ich, dass er mich nicht betrügen könne."

Vor dem Nachtessen allerdings müssen Federhaff und Sessing die Sache auch mit Frau Wiedmann in Liebenzell, einer Schwester der Mutter beraten. Die ist von der Nachricht so überrascht, dass sie erst am folgenden Morgen antworten kann. Beim Nachtessen in Gruners Haus sitzt Tabitha neben Sessing, sein Mund ist wie verschlossen, „doch mir war wohl".

Am kommenden Morgen, Donnerstag 30. Juli, trifft auch Pfr. Barth aus Mettingen ein, um mit Vater Gruner zu sprechen. Der hofft, bis am Samstag Klarheit zu haben, und falls ihm Gottes Wille bis dann nicht klar sei, wolle er „im Glauben, nicht im Wissen“ JA sagen. Und tatsächlich, am Sonntag bringt Herr Häring das „vätterlich Ja“ zur Verbindung seiner Tochter mit dem Missionar. Auch Tabitha legt ein Brieflein bei: Er solle möglichst morgen schon wiederkommen, sie fühle schon ein wenig Heimweh! „So führt der Herr durch alle Schwierigkeiten hindurch.“ Die Bedenken des Vaters allerdings scheinen immer noch nicht behoben!

Zurück bei Häring rät dieser, Sessing möge erst am Mittwoch nach Calw zurückkehren. Sie scheinen neue Schwierigkeiten zu erahnen? Wie Sessing Mittwoch hinkommt, wird er bei Federhaff einquartiert – warum nur? Erst am Donnerstagmorgen berichtet ihm der von den Schwierigkeiten, die vonseiten der Wiedmans sich zutrugen, ohne zu wissen, wie sie zu lösen seien.

Und plötzlich kommt alles anders.
Mit seinem Kollegen begibt Sessing sich zum grunerschen Haus. Die Hintertür steht offen, sie treten ein – in den Laden – sehen Vater Gruner, rufen ihm zu, da ruft er – „heiteren Gemüthes“ – zurück.

> „Er rief mich in ein Nebenzimmer, wozu auch die Mutter bald kam u. nun waren auf einmal alle Schwierigkeiten gelöst. Die Mutter rief nun die Tochter herein, welche auch noch einige Frage beantworten musste. Der Vatter war nun ruhig u. gab uns mündlich u. freudig sein JA-Wort für immer u. ewig. Der Herr sey gelobt ….“

Die Mutter bittet Sessing um ein Gebet. Darauf begeben sich Braut, Bräutigam und Freunde nach Stammheim zu Pfr. Handels, um ihnen die frohe Botschaft zu bringen. Frau Pfarrer erstellt mit der Braut gleich eine Liste all der Dinge, die zu ihrer Ausrüstung gehören. Darauf absolvieren sie all die nötigen Pflichtbesuche in Calw und Umgebung.

LETZTE HÜRDEN

Mitte August schreibt Sessing, er habe von Inspektor Blumhardt die Nachricht erhalten, „es sei alles über Erwarten gut gegangen in Basel“ und dass die Committee die 100 Fr. Bürgerrechtsgebühren mit Freude übernehme.[33] Nun hat er also das Recht zu heiraten. Jetzt kann er anfangen, seine Tabitha richtig zu lieben. Gott sei gelobt!

Dennoch – es gibt immer noch einige Hürden. Eine ist die ganze Bürgerrechtsfrage. Es heisst, Calw sei dafür ein schwieriger Ort. Häring drängt aber, es mit Calw

[33] Im Protokoll der Sitzung vom 12. August wird sowohl die Verlobung Sessings mit Tabitha Gruner, wie die Gewährung der 100.- Fr. Gebühren vermeldet.

zu versuchen. An dieser Frage wollen einige messen, ob die Angelegenheit wirklich Gottes Willen entspricht. Am Samstagabend (15. Aug.) sitzen sie im Garten. Da kommt der junge Häring herbei, beklagt sich spasseshalber, dass sie immer fort und nirgends anzutreffen seien, nicht einmal für gute Nachrichten seien sie zu haben! Und tatsächlich, er hat eine überraschende Nachricht:

> „Dass Sessing schon in der ersten Sitzung der Stadtbehörde als ein ganz unbekannter Fremder, das Vatterland gleich wieder verlassender, als Bürger aufgenommen wurde."

So ist nun allen klar: hier waltet der Wille Gottes, und somit wäre eigentlich die letzte Hürde genommen. Aber irgendwo schwelt etwas nach. Schon vor einer Woche, als die Gruners sich alle freuten über die nun zustande gekommene, vom Vater endlich besiegelte Verbindung, war doch auch Tante Wiedman dabei, jedoch auffallend „still und zurückhaltend". Und da war doch noch vor der Zusage des Vaters Federhaffs Sorge wegen Herrn Wiedman, der behauptet hatte, das könne zwei bis drei Monate dauern.

Was dahinter steckte, am Schluss dieser dramatischen Geschichte, blieb ein Geheimnis. Nur einmal, am Tag vor der Trauung, wo wieder die ganze Familie beisammen ist, schimmert etwas durch: Gegen 4 Uhr nachmittags brechen Onkel Louis (Wiedman), Christoph und Gottlob (Gruner) nach Liebenzell auf und bitten Sessing, sie zu begleiten. Da schreibt Sessing nachher:

> „Auf dem Wege söhnten wir uns aus und ein jeder freute sich über unsere Verbindung und wünschte uns, was ein natürlicher Mensch wünschen kann, denn solche sind sie."

Und abends nach 9 Uhr begibt er sich nochmals mit Vater Gruner dorthin. Sie treffen dabei auch die Tante Wiedman mit ihrem Louis (dem Sohn) an. So ist Frieden eingekehrt, am Tag vor der Trauung. Die war ursprünglich auf Samstag, 29. Aug. angesetzt. Aber wieder tauchen Schwierigkeiten auf: Zwar bekommt Sessing alle seine Papiere unterschrieben und legalisiert, sodass am Sonntag die öffentliche Verkündigung erfolgen kann. Da heisst es: Es fehlt ein Papier, es braucht noch einen „Freischein vom Militär". Der wird in Mittendorf durch Häring besorgt. Wie der eintrifft, meldet Louis Wiedman, im entsprechenden Dekret werde ausser dem Freischein noch ein „Entlassungsschein" verlangt – also nochmals ein Brief nach Mittendorf durch Häring, sodass die Trauung um zwei Tage verschoben werden muss. Und dann – die Trauung wird der Helfer Schüle vornehmen, obwohl der Entlassungsschein noch gar nicht da ist. Sein Vorgesetzter hätte das nie durchgelassen. Eine weitere Fügung Gottes!

Am Montag, 31. August 1829 in der Früh, um 7 Uhr, findet die Trauung in der Kirche statt.

> „Die Handlung war kurz und gut. Unser lieber Herr Helfer sprach aus dem Herzen, darum ging es wieder zu Herzen!“

Nun sind sie Mann und Frau. Am 1. Sept. fahren sie mit Federhaff nach Stuttgart. Nochmals sind sie bei den Jungfern Schwindt zu Gast, Tabitha logiert bei ihnen, Sessing wie früher bei Häring. Wie so oft in diesem Sommer regnet es auch jetzt. Am 3. Sept. führt die Reise sie nach Basel, wo sie am Sonntag, 6. Sept. abends ankommen und vom Inspektor und allen Brüder herzlich aufgenommen werden. Das wird sofort der Committee gemeldet. Sie werden dort am Dienstag begrüsst, um auch deren Segen zu empfangen. Zuerst ergreift Präsident Von Brunn das Wort.

> „... über die Gesinnung der Committee hinsichtlich ihrer früheren Ansichten und Aussprüche, dass sie nemlich jetzt durch die Aufhebung der Schwierigkeiten, die noch im Wege lagen, überzeugt seien, dass es der Wille des Herrn ist, und sie nun mit Freude ihren vollen Segen mit auf den Weg und in unseren neuen Wirkungskreis mitgeben.“

Darauf sprechen auch Sessing und Tabitha. Nachher geben alle der Reihe nach ihren „vätterlichen Segen“. Einen speziellen Rat gibt der Inspektor:

> „uns ja nie auf die Menschen zu verlassen, denn alle Menschen, auch die besten seien schwach und ohnmächtig u. können uns nicht in allen Fällen rathen und helfen. Er deutete damit auf d. Committee - desto mehr sollten wir uns auf den Herrn verlassen.“

EPILOG

Im Juli 1830 schreibt Tabitha Sessing-Gruner vom Kap Mesurado nach Hause.[34]

> „Sagt dem lieben Federhaff einen herzlichen Gruss und ich sei ihm täglich dafür dankbar, dass er mir zu einem so lieben Mann verholfen hat. Was mir und meinem Mann das Leben am meisten versüsst, ist das, dass wir uns mit jedem Tag inniger lieben.“

*

[34] Nach Angaben des Enkels in dessen Lebensbild von J.F. Sessing hat Tabitha Sessing-Gruner viel und gut geschrieben. Leider besitzt das Basler Archiv nur wenige Briefe von ihr.

INDIEN IN DEN 1850ER UND 80ER JAHREN

GOTTLOB PFLEIDERER

Herkunft

Gottlob Friedrich Pfleiderer, wie er mit vollem Namen heisst, wurde am 28. Sept. 1829 als Sohn des Bauern und Gerbers Ernst Pfleiderer und der Johanna Karoline geb. Werner in Waiblingen geboren. Er erlernt den Beruf eines Kaufmanns, wird 24-jährig von Inspektor Josenhans „entdeckt" und als Leiter der Missionswerkstätten nach Indien berufen. Die Werkstätten dienten den aus ihrer Kaste verstossenen Hindu-Christen zum Aufbau neuer Existenzmöglichkeiten. Dafür setzt sich der junge Mann mit Eifer ein, baut eine Ziegelfabrik, eine Druckerei, eine Kirche, später Schulen und eine Klinik in Mangalore, wirkt aber auch in der Verkündigungsarbeit mit. Weil er noch ledig ist, ist er jeweils bei den Missionsleuten Georg W. und Pauline Hoch-Ecklin zu Gast, bis Frau Pauline zum zweiten Mal schwanger wurde (mit dem Sohn Markus, der später Pfleiderers Schwiegersohn wird).[35]

Auf der Suche Nach einer Frau

Nach vier Jahren Arbeit in Indien wünscht er sich eine Frau, „die ganz für ihn und ein gemütliches Zuhause da sein soll". Er scheint spätestens im Herbst 1857 sich dafür sowohl an den Inspektor wie an seine (Stief-) Mutter Dorothea Pfleiderer-Waser in Waiblingen gewendet zu haben. Im Komitee jedenfalls wird in anderer Sache über ihn beraten und beschlossen, seine Besoldung „nach Pfleiderers Verheiratung" der allgemeinen Kasse zu belasten. Darauf fragt der Inspektor bei Frau Dorothea Pfleiderer nach, wie weit es bisher stehe in dieser Angelegenheit; der Vater der Angefragten hatte sich bei Inspektor Josenhans über „die Verhältnisse des Gottlob Pfleiderer" erkundigt.

Dorothea Pfleiderer hatte zwar gewisse Vorstellungen und Vorschläge, leitet die Bitte Gottlobs aber zuerst weiter an ihren Schwager, Pfarrer Christian Pfleiderer-Werner, weil sie eine so wichtige Angelegenheit nicht allein entscheiden will. Ihre Gedanken decken sich weitgehend. Pfr. Pfleiderer übernimmt gerne die Rolle des Vermittlers und denkt an eine Nichte seiner Frau, Johanna Karoline Werner, Tochter des Arztes Aug. Hermann Werner in Ludwigsburg.

---

35 Das folgende ausführlich in R. Gläsle, *Pauline und ihre Töchter,* S. 48ff; daneben Komitee Protokolle und Personenfasziklel BV 464, G. Pfleiderer.

Unter dem 25. März schreibt Dorothea Pfleiderer an Insp. Josenhans[36]:

„Als ich Anfangs dieses Jahres Gottlobs Auftrag erhielt, war es mir ein grosses Anliegen vor dem Herrn, dass er in dieser wichtigen Angelegenheit mich leiten und mir den Weg zeigen möge. Zu dem Ende ging ich nach Warmbronn, um mich mit meinem Schwager darüber zu besprechen, und wie wunderbar, dieser hatte bereits ehe er von Gottlob etwas wusste, im Stillen jemand für ihn ausersehen, nemlich die Tochter seines Schwagers Herrn Dr. Werner in Ludwigsburg, welche längere Zeit in Warmbronn war, und dort wie ein eigenes Kind geliebt wird, gegenwärtig aber in der welschen Schweiz in einem Mädchen-Institut angestellt ist. Diess durfte ich nicht unbeachtet lassen und schien mir ein Wink vom Herrn zu seyn, zumal ich sie unter Andern auch im Vorschlag hatte, und nur an ihrer Jugend noch Anstand nahm. Darüber wurde ich aber durch das, was ich von ihr hörte, vollkommen beruhigt und wurde immer mehr überzeugt, dass sie für den Missionsberuf besonders treffend sey. Sie liebt den Heiland von Herzen und ist von Jugend auf Entbehrung und Hingabe für Andere gewöhnt, was doch ein Haupterfordernis seyn wird."

Wegen schlechter Nachrichten aus Indien hätten sie dann aber etwas zugewartet. Erst auf Grund der Rückfrage des Inspektors habe ihr Schwager die Anfrage an den Dr. Werner gerichtet, der sie dann an seine Tochter Johanna weiterleitete. In der Schweiz erhält diese – einst Schülerin von Pestalozzi in Yverdon – die Anfrage über ihren Vater. Sie nimmt sich Zeit, will mehr über diesen jungen Mann erfahren, möchte auch von ihm selber etwas hören. Sie erhält Lebensbeschreibungen, und schliesslich auch von Gottlob Pfleiderer selber einen Brief aus Indien, in dem er über sich schreibt:

„(ich) hätte nie eine in allen Stücken fein ausgebildete ‚Dame' zum Weibe gewünscht, denn das wäre gegen meine bisherige Lebensweise und gegen die Arbeit der Mission."

So geht es einige Zeit, auch das Jahr 1858 verstreicht. Wieder schreibt Gottlob aus Indien, nun direkt an den Schwiegervater in spe. Jetzt scheint die Zeit reif. Dr. Werner meldet am 18. März 1859 dem Inspektor:

„Auf eine nochmalige, am 16. Januar d. a. in Mangolore abgegangene und am 24. Februar mir zugekommene Anfrage des l. Hr. Gottlob Pfleiderer um die Hand meiner Tochter Johanna hat sowohl uns Eltern, als unserer l. Tochter der Herr es geschenkt, ein freudiges ja! zu dieser Verbindung sagen zu können, was

[36] Pers. Fasz. BV 464 G. Pfleiderer

ich in meinem, meiner l. Frau, meiner l. Tochter und der beiden l. Eltern in Waiblingen Namen zugleich aus Auftrag der letzteren Ihnen somit unverrückt mittheile. Der Herr gebe seinen Segen zu dieser in seinem Namen geschlossenen Verbindung, zu der auch Sie, lieber Bruder, wie ich nicht zweifle, Ihr herzliches Ja sagen werden, wenn anders das verehrte Missionskomite, dem ich die Mittheilung zu machen bitte, und dem ich mich mit meiner l. Frau und Tochter ehrerbietigst empfehle, unsere Tochter als Braut des genannten l. Mannes annehmen wird. Ich bitte mich darüber zu benachrichtigen, was ich nun weiter in dieser Angelegenheit bezüglich der Verhältnisse zu dem verehrten Missionscomite zu thun habe. Dem l. Hr. Pfleiderer habe ich das Jawort meiner Tochter bereits mitgetheilt."

Schon wenige Tage darauf, am 23. März, nimmt auch das Komitee dies zur Kenntnis:

„§ 6 Dr. Werner Ludwigsburg zeigt an, dass seine Tochter sich entschlossen habe, dem Br Pfleiderer in Mangalore das Jawort zu geben. Insp. gibt dieser Tochter ein gutes Zeugnis."

Das Komitee stellt sich sodann gleich die Frage, wie die Braut nach Indien ausreisen solle. Man erinnert sich, dass kürzlich drei Bräute während fünf Monaten unterwegs waren, „was doch für Mädchen ein Hartes sei". Deshalb wird vorgeschlagen, sie auf dem Landweg reisen zu lassen. Das ist auch dem Brautvater recht.[37] Im Mai besucht der Inspektor die Familie Werner in Ludwigsburg, bekommt von deren Tochter einen guten Eindruck (Kom.Prot. vom 25. Mai) und weiss auch noch ein brisantes Detail: „Sie wäre lieber Frau eines ordinierten Missionars geworden, kam aber durch Pfleiderers Lebenslauf und Kenntnisnahme seiner Stellung auf andere Gedanken."

Die Ausreise wird auf den September 1859 festgelegt. Im November kommt sie in Mangalore an. Ungeduldig wartet Gottlob Pfleiderer auf seine Braut und schreibt dann über deren Ankunft: „Da sassen drei Frauen an der Schiffslände bei Kumba und in deren Mitte meine geliebte Johanna. Einige Sprünge über die zwischen uns aufgetürmten Felsen und wir lagen uns in den Armen". Im Ochsenwagen fahren sie von der Schiffslände durch Mangalore zur Station und werden dort herzlich empfangen. Bis zur Hochzeit wohnt die Baut bei den Missionsleuten Plebst-

[37] Sitzung vom 6. Febr. An dieser Sitzung schlägt übrigens Pfr. Hess vor, dem Br. Wines die Heirathsgestattung anzubieten, um für den Fall, dass seine Neigung dahin ginge, ihm bei der Ausreise von Br. Lechler in ¾ Jahren eine Frau zukommen zu lassen. In der folgenden Sitzung wird dies ausführlich beraten und mit Stimmenmehrheit (also nicht einstimmig) beschlossen, ihm lieber selber die Initiative zu überlassen.

Gundert, Verwandte der Johanna Werner. Nur wenige Tage später, am 24. November 1859 wird die Hochzeit gefeiert und aus der Missionsbraut wird eine Missionarsfrau.[38]

*

GEORG WILHELM HOCH BV 277

Herkunft

Georg Wilhelm Hoch, geboren 1821, ist der älteste Sohn aus der Ehe des Johannes Hoch, damals Pfarrer in Buus Maisprach, und der Jacobea Stehlin, deren Vater Pfarrer im benachbarten Rothenfluh war. Beide Väter hielten sich, offenbar aufgrund von Römer 13, in den Auseinandersetzungen zwischen Baselland und Baselstadt, zu den Städtern, als der regulären Obrigkeit, und gegen die Baselbieter als den aufmüpfigen Rebellen. Beide Familien wurden deshalb anfangs der 1830er Jahre aus ihren Dörfern ausgewiesen. Während seine Familie nach Beuggen zog, kamen Georg Wilhelm und sein Bruder Lukas in die Knabenanstalt der Herrenhuter Brüdergemeine in Königsfeld. 1834 erhielt sein Vater mit der ganzen Familie das Basler Bürgerrecht, im Jahr darauf kehrte Wilhelm nach Beuggen zurück, trat in den Lehrerkurs des Christian Heinrich Zeller (eines Schülers und Freundes von Pestalozzi!) ein, drei Jahre später auch ins Basler Pädagogium und schloss dort seine Studien als Lehrer ab. Auf Wunsch des Vaters immatrikuliert er sich in der theologischen Fakultät, entlastet gleichzeitig seinen Vater in dessen Lehrerpensum, verlässt die Universität aber noch vor Abschluss des Studiums, weil er einen „wachsenden Überdruss an den Kollegien“ verspüre, die zu wenig praxisbezogen seien und zu viel „Wissenskram“ böten.

Heimweh nach der Mission

Schon in Königsfeld war sein Interesse an der Mission geweckt worden, zudem war ein Verwandter ein Herrenhuter Missionar. Das Missionsfest 1842 in Basel wurde zum Wendepunkt. Er sah sich zum Dienst unter den Heiden berufen. „Das Wort Gottes dränget mich dazu … und ganz besonders die Freude, die ich empfangen habe, diese Freude auch andern zu verkündigen“, sagt er in einer Predigt. 1842 tritt er ins Missionsseminar ein mit dem Ziel, einmal im Schulwesen tätig werden zu können. Vom Missionskomitee wird er für Indien bestimmt, wird im Juli 1846 zusammen mit zwei andern in Lörrach zum Predigtdienst in der Mission

---

[38] Zitate und Details aus R. Gläsle, *Pauline und ihre Töchter*, S. 54ff

ordiniert – in Basel war dies nicht möglich, weil er kein abgeschlossenes Theologiestudium hatte, und am 6. Oktober nach Indien verabschiedet. Eine ganze Gruppe älterer und frischer Missionare reist mit ihm über Marseille, Malta, Alexandrien, Aden nach Bombay, von dort nach Mangalore, wo sie am 31. Dezember 1846 ankommen.

Seine erste Aufgabe ist nun, die kanaresische Sprache zu lernen. Bald kann er in dieser Sprache auch Unterricht erteilen, nicht nur in der englischen Schule, muss Hilfslehrer überwachen und sonntags 1-2 mal predigen. Durch einen Krankheitsurlaub in den „Blauen Bergen" lernt er alle Missionsgeschwister der Basler Mission in Indien kennen. Später wird ihm durch die Missionsleitung auch das Amt des Generalsekretärs der „indischen Generalkonferenz" übertragen.

1850, also nach gut drei Jahren Einarbeitung in Indien, bittet er seine Eltern, dem Basler Missionskomitee ein Gesuch um Eheerlaubnis weiterzuleiten, es sei nun Zeit, dass er heiraten dürfe. Am 2. Oktober 1850 befasst sich das Komitee mit diesem Gesuch. Br. Hoch schreibe, er sei nun vier Jahre in Indien, habe einen Wirkungskreis, der seinen Neigungen entspreche und dem er sein ganzes künftiges Leben widmen möchte und sei jetzt 30 Jahre alt. Die Herren Vorsteher beschliessen:

> „Wird bewilligt, weil man glaubt, die Verheiratung werde seinen Missionsberuf nicht hindern, der hauptsächlich an die Schüler geknüpft ist. Doch soll bemerkt werden, dass vor dem Herbst 1851 keine Aussicht sei, ihm eine Frau zukommen zu lassen, und dass man an die Aussteuer derselben nur 250 sfr rücken werde, und dass auf Wittwengehalt und Pensionen für Kinder nicht zu rechnen sei."[39]

Werbung um eine Frau für den Missionar

Die Werbung selber läuft anders, als man es erwarten würde. Einmal geht sie schnell. Fremde Hilfe braucht es hier nicht. Georg Wilhelm Hoch nennt seinen Eltern gleich, in welche Richtung die Werbung gehen sollte: Zur Tochter des ehemaligen Pfarrers von Rothenfluh, Kollege und Leidensgenosse seines Vaters in den Wirren der frühen dreissiger Jahre, seiner einstigen Spielgefährtin Pauline Ecklin. Sicher nannten seine Eltern diesen Namen auch *der Committee* – vielleicht nicht gleich zu Beginn – aber sie warten gar nicht, bis die Genehmigung von Seiten der Missionsleitung kommt, sondern werden selber aktiv: Jedenfalls, so schreibt Pauline in ihren Erinnerungen, „bekam ich im Oktober 1850 einen Brief mit der Anfrage, ob ich bereit wäre, als Missionsbraut nach Indien zu kommen. In

[39] KP 1850, s. 209, 37. Sitzung, den 2. Okt. § 8. Während die erste Bedingung den Richtlinien von 1825 entsprichr, ist die letzte in klarem Widerspruch zu den damaligen Regelung.

mein Tagebuch schrieb ich damals: ‚Ich gebe das Jawort freudig, weil ich nach einer Gebetsnacht ruhig geworden bin“[40]. Die beiden Familien Hoch und Ecklin feiern die Verlobung schon im November, also noch bevor das letzte Placet des Komitees gegeben war, als sie annehmen konnten, dass der Bräutigam die Nachricht vom Ja der Braut erhalten hatte. Vater Hoch persönlich steckte der Braut, an seines Sohnes statt, den Ring an den Finger. Gleich nach der Verlobung beginnt die Braut mit den Vorbereitungen: Sie informiert sich über ihren Bräutigam, macht Besuche bei seiner Familie in Riehen. Die alte Freundschaft zwischen den beiden Familien wird vertieft. Im Dezember schreibt sie den Eltern Hoch:

> „Eurem Sohn eine liebevolle, treue Gattin und eine tüchtige Hausfrau zu werden, Euch ein liebes und dankbares Kind zu sein, namentlich aber als ein ungeteiltes Eigentum des Herrn, der so viel Gutes an mir tut – das ist mein eifriges Streben, mein Wunsch und meine Bitte zu Ihm.“[41]

Und der Bräutigam

Leider gibt es von ihm keine Briefe an seine Braut. Im Januar 1851 zeigt der Inspektor der Missionsleitung an, dass Br. Hoch die Pauline Ecklin von Basel als seine Braut genannt habe und um Ratifizierung durch das Komitee bitte. Dies wird auch „ohne Anstand“ getan. Im Juni aber befasst sich das Komitee noch einmal mit den Wünschen des Br. Wilh. Hoch. Der Inspektor wird ja im Herbst Indien besuchen und dann die Braut mitbringen. Nun möchte G.W. Hoch im Herbst nach der Regenzeit eine pädagogische Reise nach Bombay und Madras unternehmen und die Gelegenheit nutzen, um den Inspektor in Bombay zu empfangen. Dieser Wunsch wird abgelehnt. Offenbar riecht das Komitee Lunte: Das könnte doch eine vorzeitige Abholung der Braut bedeuten, und so wird beschlossen, der Br. Hoch solle diese Reise später machen, im jetzigen Zeitpunkt sei sie „untunlich“, um so mehr, als die Braut ja in guter Begleitung unterwegs sein werde, was eine solche Entgegenreise völlig unnötig mache! – Und dabei bleibt es.

Heirat in Indien

Am 3. September 1851 macht sich eine ganze Gruppe von Missionaren auf den Weg nach Indien. Unter ihnen – unter dem persönlichen Schutz des Inspektors! – einige Missionsbräute, und eben auch Pauline Ecklin. Über Malta, Alexandria und das Rote Meer erreichen sie am 5. Oktober Bombay, können am 10. Oktober in einem kleinen Segelboot der Küste entlang nach Süden fahren und kommen am

---

[40] Zitiert nach P. Ecklins Lebenserinnerung in R. Gläsle, *Pauline und ihre Töchter*, 2009, S. 21.
[41] Zitiert nach F. Hoch, *Georg Wilh. Hoch und Pauline geb. Ecklin,* 1970, S. 14

14. in Mangalore an. Dort stehen die Missionsbrüder bereit zum Empfang der Ankommenden. Pauline hält Ausschau nach einem grossen und kräftigen Mann – aber der Bräutigam ist nicht am Landesteg. Versteckt er sich? Er empfängt sie in der Station Balmatha, in dem Gastzimmer, das für sie bei andern Missionaren zubereitet worden war. Dort habe er sich mit ihr auf die Knie geworfen, schreibt Pauline, um ihren Bund und gemeinsames Leben Gott zu weihen. Am 30. Oktober wird die Hochzeit im grossen Kreis der Missionsgeschwister auf der Station gefeiert. Die Predigt hält Inspektor Josenhans selber, gesungen wird auf Deutsch und Kanaresisch, Lesungen gibt es auch in Kanaresisch. Sie feiern ein fröhliches Fest. Abends geht es mit einem Fest in ihrer neuen Wohnung weiter. Die Glieder der Christengemeinde werden an diesem Tag mit Reis, Curry und Brot bewirtet.

Interessant ist, was Pauline später in ihrem Tagebuch festhält. Sie habe erregte Diskussionen der Brüder mit dem Inspektor miterlebt:

> „Immer mehr jüngere Missionare hatten das Ideal, wie Paulus unverheiratet zu leben, aufgegeben. Sie baten das Komitee, ihre Familien oder den Freundeskreis in der Heimat, stellvertretend für sie eine Braut zu suchen. Die vom Komitee ‚genehmigte' Frau ist dann unter dem Segen Gottes ausgereist... Die ‚Junggesellengemeinschaft' gehörte der Vergangenheit an und wurde durch die ‚Missionsfamilie' ersetzt. Die Zahl der ‚Missionskinder' wurde schnell grösser und die Frage nach einer Möglichkeit für ihre Schulbildung immer dringender."

Die Brüder hatten sich eine solche Möglichkeit in Indien gewünscht. Der Streit sei erst beigelegt worden, als das Komitee beschloss, dass Kinderhäuser in Basel und nicht in Indien errichtet würden.[42]

Pauline Hoch war in Indien nicht nur Hausfrau und Gattin. Ihr wurden verschiedene Aufgaben im Rahmen der Missionsarbeit übertragen, so auch die Leitung einer „Mädchenanstalt" mit um die siebzig Mädchen.

*

[42] Nach R. Gläsle, a.a.O. S. 27. Die Diskussion ist darum interessant, weil es damals in Basel schon etwas in der Art gab, wenig späte aber die beiden Kinderhäuser (das Knaben- und das Mädchenhaus) am Nonnenweg errichtet wurden.

MARK HOCH BV 885

Markus Hoch, oder Mark, wie er in seiner Familie genannt wurde, ist in Indien am 18. März 1854 zur Welt gekommen, als erster Sohn des Georg Wilhelm und der Pauline Hoch. Er ist wie seine spätere Frau Missionskind in der zweiten Generation. Anders als es Jon Miller in seinem Buch über die Kontrollmechanismen in der Basler Mission des 19. Jahrhunderts feststellt[43] – nämlich dass, jedenfalls in dem von ihm bearbeiteten Zeit- und geographischen Raum (Goldküste), es keine Kinder von Basler Missionaren gäbe, die wieder in den Missionsdienst eintreten wollten – gab es in Indien ganze Familien, in denen der Wunsch, in der Mission zu wirken, von den Eltern zu den Kindern, häufig den Töchtern, weitergegeben wurde.[44] Speziell ist in Mark Hochs Fall auch – obwohl nicht einzigartig – dass seine Eltern und die seiner späteren Braut während ihrer Zeit in Indien Kollegen, sogar am selben Ort wohnend, waren.

Sein Werdegang

Mark hätte nach der durch die Indien-Missionare nach langen Diskussionen akzeptierten Ordnung der Basler Mission 1860 nach Europa zurückgeschickt werden sollen. Des ungewissen Gesundheitszustandes seines Vaters wegen bitten die Eltern aber 1859 um Heimkehrerlaubnis. Mit fünf Kindern können sie im Dezember dieses Jahres die Heimreise antreten. In Basel werden sie durch die Grosseltern Ecklin in ihr Haus an der Missionsstrasse aufgenommen.

Aus gesundheitlichen Gründen können die Eltern nicht wieder ausreisen. Der Vater übernimmt eine Reiseprediger-Stelle in Deutschland, die beiden älteren Söhne Paul und Mark bleiben in Basel, im Missionsknabenhaus (1860-68), und gehen da auch zur Schule. Wie der Vater 1865 stirbt, kann sich die Mutter mit ihren Kindern (inzwischen sieben) in Basel niederlassen. Paul und Mark bleiben zunächst im Knabenhaus. Als etwas später eine günstige und grosse Wohnung gefunden war, konnte die Familie vereinigt werden. Mark besucht in Basel das Gymnasium und schliesst 1871 mit der Matur ab. Ein Lehrer beschreibt ihn als „ein guter Schüler, kindlich, bescheiden, gehorsam, fröhlich und liebenswürdig." Dass er seit

[43] Jon Miller, *Missionary Zeal and Institutional Control,* London 2003

[44] Millers These stimmt zwar auch im Blick auf die Goldküste nicht 100 prozentig. In meiner eigenen Familie (Huppenbauer) gibt es eine Folge von 4 Generationen im Missionsdienst und in Afrika, hier meist über die Söhne, erst in der vierten Generation ist es eine Urenkelin des ersten Huppenbauer von Ghana. Und auch dieser erste Afrika-Huppenbauer war nicht der erste seiner Familie in der Basler Mission, sondern im Grunde genommen der dritte!

einem Jahr etwas bedrückt wirkt, könne mit seinem immer wieder auftretenden Kopfweh zusammenhängen.

Sein Wunsch, einmal Theologie zu studieren, nimmt nach einem Gespräch mit Inspektor Josenhans (der zugleich sein Taufpate war) eine neue Wendung: Nicht Pfarrer sollst du werden, sondern Missionar wie dein Vater. 1871 meldet er sich bei der Basler Mission, wird von dort aber an die Universität zum Theologiestudium geschickt. 1876 – er ist erst 22 jährig – wird er für Indien bestimmt und dahin ausgesendet.

Sein Wirkungsort ist das theologische Seminar von Mangalore auf dem „Balmatha-Hügel", also demselben Ort, wo er schon seine erste Kindheit verbracht hatte. Er muss hier auch zuerst die kanaresische Sprache erlernen – vielleicht hat er ja noch Kenntnisse aus früheren Jahren! – wird aber gleichzeitig auch mit dem Unterricht als Lehrer begonnen haben. Nach drei Jahren „sehnt er sich nach einer Frau, die alles mit ihm teilen würde" – und berät sich darüber (schriftlich) mit seiner kranken Mutter in Basel. 1880 unternimmt Inspektor Schott eine Visitationsreise nach Indien. Dort eröffnet ihm Mark Hoch seine Wünsche. Schott gibt ihm zu bedenken, dass er im Blick auf eine Verheiratung auch seinen eigenen Gesundheitszustand berücksichtigen müsse – eine Anspielung auf das häufig auftretende Kopfweh des Missionars. Die Mutter aber ermuntert ihn sehr, die dafür notwendigen Schritte zu tun.

Eine Frau, die ganz für ihn da ist

Klar braucht Mark Hoch dafür auch die Genehmigung, d.h. die „Heiratserlaubnis" durch die Missionsleitung. Am 9 Februar 1881 schreibt er an den Inspektor:

> „Gegenstand: Eine Privatangelegenheit
> Mangalore den 9.Februar 1881
> Lieber Herr Inspektor
> Wie ich ihnen bei ihrer Anwesenheit hier in Mangalore vorläufig mitgetheilt habe, dass ich mich seit einiger Zeit mit dem Gedanken von meiner Verheiratung ernstlich beschäftige, so ist es in den letzten Monaten durch Nachdenken und Beten über die Sache wie auch durch Correspondenz mit meiner nun selig vollendeten Mutter mir innerlich gewiss geworden, dass ich nun nicht länger zögere, und die einleitenden Schritte in dieser wichtigen Angelegenheit bei der ver. Comite thun solle. Ich möchte Sie somit bitten, diese meine Bitte um Heirats-Erlaubnis für dieses Jahr der ver. Comite empfehlend vorlegen zu wollen.

Ich weiss nicht, ob ich mich näher aussprechen soll über die Gründe, die mich zu dieser Bitte bewegen. Besser jedenfalls kann ichs nicht ausdrücken, als es das Wort Gottes thut, dass ich nämlich eine Gehilfin suche, die um mich sei, u dass ich glaube, für Leib, Seele u Geist, für meinen Beruf ebenso wie für mein persönliches Leben von einer solchen Verbindung, nach dem Verheissungswort des Herrn reichen Segen, Aufmunterung u Förderung erwarten zu dürfen. Ja auch in Bezug auf meinen Beruf als Missionar ist es mir ein ganz besonderes Herzensanliegen, dass der Herr mir eine solche Gehilfin geben möge, die auch darin ganz eines Sinnes mit mir sei, und mir durch sie für die Arbeit unter den Heiden nicht Hemmung, sondern Förderung zu Theil werde. – Es ist nun namentlich seit dem letzten Juni, dass ich diesen Gedanken ernstlich in Überlegung gezogen und mit meiner Mutter sel. darüber zu correspondieren angefangen habe. Die Aufforderung u Ermunterung von Seiten meiner Mutter war es dann, was den Entschluss in mir zur Reife brachte.“

Und nach einigen Bemerkungen zu seinem Gesundheitszustand fügt er eine zweite Bitte an:

„Erlauben Sie mir zum Schluss die Bitte, nämlich mir zu erlauben, meinen theuren Onkel, Herrn Pfr. W. Ecklin in Basel (wenn meine l. Mutter noch am Leben wäre, würde ich beifügen „in Verbindung mit meiner Mutter“), mit dem ich darüber in Correspondenz treten und das nähere mittheilen werde, zu bevollmächtigen, in meinem Namen u Auftrag in dieser Sache zu handeln.“

Dem steht auch nichts im Weg. Schon am 16. März vermerkt das Komitee-Protokoll, dass dem Mark Hoch die Heiratserlaubnis durch den Inspektor erteilt worden sei und dass Herr Pfr. W. Ecklin die nötigen Schritte unternehme und die Ergebnisse dem Inspektorat zurückmelden werde.

Die Brautsuche nimmt also die Familie selber auf. Der Mutter, Pauline Hoch-Ecklin, war dies vor ihrem Tod (31. Dez. 1880) ein besonderes Anliegen, dass ihr Sohn Mark die rechte Frau finde. Er seinerseits schreibt ihr von seinem Wunsch. Zwei Frauen stehen im Vordergrund: D.P., d.h. Debora Pfleiderer, die ja ebenfalls in Balmatha/Mangalore ihre erste Jugend verbracht hatte, und eine L.St. (vermutlich Stehlin oder Stähelin), über die wir sonst nichts wissen. Die Mutter hatte die D.P. noch kurz vor ihrem Tod kennen gelernt und war entzückt über die damals 19-jährige junge Frau, deren Mutter ihre Nachbarin und Kollegin in Mangalore gewesen war, und die sie als Kleinkind ebendort kannte.[45] Aber sie übergab, ange-

[45] Dazu ausführlich – aus Sicht der Mutter – R. Gläsle, *Pauline und ihre Töchter*, 2009

sichts ihres nahen Todes, die ganze Angelegenheit ihrem Bruder, Wilhelm Ecklin, zugleich Mitglied im Komitee der Basler Mission.

Ein Briefwechsel

Am 15. Dezember 1880 schreibt der Onkel, Wilhelm Ecklin, an seinen Neffen Mark Hoch in Mangalore und nimmt dabei Gedanken aus Marks Brief vom 2. Dezember auf:

> „Dieses Mal schreibe ich Dir im Namen Deiner lieben Mama, die dazu ganz unfähig ist … Sie hat mich gebeten, es für sie zu tun in der wichtigen Angelegenheit, die Dich und Deine Mama so sehr beschäftigt. … (es ist) gewissermassen die letzte, oder eine der letzten Sorgen Deiner lieben Mama und das Gebetsanliegen, das sie an den Pforten der Ewigkeit auf mütterlichem Herzen trägt.
>
> Ich bin in Deine Privatissima also eingeweiht und trage sie auch meinerseits vor dem Herrn. Ich billige, dass Du Dich ernstlich mit Deiner Heirat beschäftigst und soll dir im Namen Deiner lieben Mama sagen, dass sie denkt, es sei das Beste, wenn Du sofort den Inspektor Schott bittest, Dein Gesuch um Heiratserlaubnis dem Committee empfehlend vorzulegen.
>
> Ob Du Dich veranlasst finden wirst, Herrn Insp. auch Deine obenauf liegenden Gedanken an L.St. auszusprechen, ist eine Sache, die Du selber entscheiden musst. Nötig ist es nicht. Du kannst ihm sagen, dass Du über die Person Deiner Wahl mit Deiner Mutter oder mir korrespondierst. Jedenfalls, wenn Du ihm L.St. nennst … so bitte ihn doch, der Com. weder diesen noch einen andern Namen zu verraten, sondern, wenn die Comm. die Heiratserlaubnis gegeben hat, so werde ich dieselbe bitten, mir in Übereinstimmung mit Deiner Mama, wenn sie bis dahin noch lebt, zu gestatten, in Deinem Namen und Auftrag und nach den Grundsätzen der Gesellschaft und in ihrem Interesse – alles Weitere zu tun. Ich halte es für wichtig, dass die Com.-Mitglieder keine stadtbekannten Namen vor der Zeit hören, einmal weil doch leider aus Versehen etwas durchsickern könnte, sodann, weil es für den Fall eines ablehnenden Entscheids seine missliche Seite hat.
>
> Deine Gedanken an L.St. billige ich vollständig und wenn Du mir das Zutrauen schenkst, nach erlangter Bewilligung um sie zu werben, so will ich … diesen Elieser-Dienst ausrichten.“

Obwohl Mark Hoch die L.St. an die erste Stelle setzt, hat er im Blick auf ihre Brüder, die ihm nicht sehr sympathisch sind, gewisse Bedenken. Ob allerdings, die junge Frau zusage, das sei eine andere Frage, schreibt Onkel Ecklin. Vielleicht sollte man zuerst sondieren, hatte die Mutter vorgeschlagen, aber das gehe nicht,

„Es ist gegen unsere Grundsätze, und wenn es hie und da von Brüdern getan wird, kommt es fast immer an den Tag, macht auf die Com. einen fatalen Eindruck und zieht denen, die es tun eine nachträgliche Rüge ein. Nein man tut nichts und fällt zu seiner Zeit mit der Tür ins Haus."

Aber gleich nachdem das Komitee die Bewilligung erteilt hatte, wird der Onkel aktiv. Am 21. März schreibt der zurück:

„Ich schrieb sofort an Frau Pfr. St. und bekam am Freitag Besuch von L.St. selber.
Sie lehnt ab, weil ihr Herz noch verwundet sei von einer Neigung, der keine Folge habe gegeben werden können. Unter diesen Umständen könne sie sich nicht aufs Neue binden, besonders noch, ohne vorhergegangene genauere Bekanntschaft."

Die Art und Weise, wie diese L. St. ihre Absage gibt – unter vollen Hochschätzung gegenüber dem Anfragenden – zeigt, dass es unter den frommen jungen Frauen von Basel damals nicht nur „willenlose" Geschöpfe gab, die sich schnell in das, was Gottes Wille sein könnte, schickten, sondern durchaus selbständige Entscheide zu treffen im Stande waren. Dem Pfr. Ecklin bleibt nichts anderes als die Ablehnung anzunehmen und zu denken, „es sei von Gott geleitet". Am liebsten wäre er gleich zur nächsten Werbung (D.P.) gegangen, umso mehr, als die D.P. für ihn immer in die erste Wahl gehört hätte. Zu seinem Bedauern kann er das nicht, weil ihm der Neffe Mark andere Weisung gegeben hatte. So muss nun die ganze Sache warten, bis diese neue Weisung kommt. Er rät ihm deshalb, allenfalls ein Telegramm einfach mit dem Buchstaben „D" zu senden, dann würde er entsprechend handeln.

Zweiter Versuch

Zwei Briefe von Mark Hoch treffen Mitte Mai gleichzeitig bei Pfr. Ecklin ein. Sogleich begibt er sich zur Familie Gottlob Pfleiderer am Nonnenweg in Basel, die den jungen Mark Hoch noch in Mangalore erlebt hatte, trifft jedoch einen ungünstigen Moment. Eben erst hatte Frau Pfleiderer eine schwere Geburt hinter sich, sie trauern um ein tot geborenes Kind. Da wagt der Werber nicht, mündlich sein Anliegen vorzubringen, sondern übergibt dem Vater nur den Brief. Der will ihm, wenn er wieder dazu im Stande sei, antworten – und vergisst den Brief in seiner Tasche. Erst drei Wochen später findet er ihn dort wieder.

So kann Ecklin erst am 16. Juni dem Neffen wieder schreiben. Am 15. Juni nachmittags wollte Herr Pfleiderer das Ja-Wort seiner Tochter Deborah ihm überbrin-

gen. Weil Ecklin nicht zu Hause war, wechselt er mit Frau Ecklin ein paar Worte. Diese sendet abends ein Billet in die Komitee-Sitzung, wo Ecklin und Pfleiderer sich gegenüber sitzen, sich kurz besprechen und dann das Ergebnis dem Plenum mitteilen und dieses um die Bestätigung dieser Verbindung bitten.
Der Deborah war die Zustimmung übrigens nicht leicht gefallen.[46] Sie hatte verschiedenen Bewerbern bisher einen Korb gegeben, weil sie nach der jahrelangen Trennung der Familie gerne daheim bleiben wollte. Aber ihre Mutter redet ihr zu und – so schreibt sie in ihren Erinnerungen – da „fing ich an, mir die Sache zu überlegen. Von Tag zu Tag wuchs der Mut und die Freudigkeit, bis es dann zu einem freudigen Ja kam, obgleich ich ja den Mark Hoch absolut nicht kannte." Im „Gedenkbuch" der Deborah steht am 15. Juni 1881 „unsere Verlobung".

Die Brautzeit ist von kurzer Dauer, denn schon im November sollte sie nach Indien reisen. Die Familien Hoch und Pfleiderer feiern derweil in Basel eine „Vorhochzeit", wo sie sich gegenseitig kennen lernen. Denn während beide Eltern des Brautpaars als Kollegen nebeneinander gearbeitet hatten, kannten sich deren Kinder kaum oder gar nicht. Obwohl am gleichen Ort, sogar in der gleichen Station geboren – es stimmt schon, dass Deborah den Mark nicht kannte: Bei ihrer Geburt (1860) war er schon nicht mehr in Indien, und als sie selber nach Basel zurückkam (1867), besuchte er natürlich längst das Gymnasium und lebte darauf mit Mutter und den übrigen Geschwistern zusammen in einem andern Teil von Basel.

An Weihnachten 1881 kommt die Braut in Mangalore an. Der Bräutigam steht auch hier nicht am Landesteg, sondern (nur) ihr eigener Cousin, der Missionskaufmann Karl Pfleiderer, der sie im Ochsenkarren zur Station bringt, die sie vierzehn Jahre vorher hatte verlassen müssen. Dort wartet der Bräutigam in seiner Stube. Am 3. Januar 1882 findet die Hochzeit statt mit Gottesdienst in der von ihrem Vater erbauten Kirche.

*

[46] Darüber ausführlich R. Gläsle, *Pauline und ihre Töchter*, 2009.

GOLDKÜSTE

FRITZ RAMSEYER BV 627

Fritz Ramseyer ist vor allem durch seine und seiner Frau Gefangenschaft in Kumase, der Hauptstadt des Ashante-Reiches, 1869-74, bekannt. Darüber gibt es höchst eindrückliche Tagebücher, Berichte im „Heidenboten" und Darstellungen von Kollegen. Er war verheiratet, ein Kind starb auf dem langen und beschwerlichen Weg nach Kumase. Im Laufe der viereinhalb Jahre Gefangensein kommen zwei weitere Kindern zur Welt, und später noch mehr. Wie aber kam er zu seiner Frau, Rose Bontems aus Neuchâtel? Gehen wir der Reihe nach.

Sein Werdegang

Obwohl von Berner Herkunft, ist Fritz Ramseyer am 7. Okt. 1840 in Neuchâtel zur Welt gekommen, wo sein Vater ein Bauunternehmen betrieb. Fritz und seine Geschwister wachsen in einer sehr frommen Umgebung auf. Die Eltern hätten nie aufgehört, schreibt er, zu ihnen über Gott, dem Schöpfer, der seinen Sohn zur Erlösung der sündigen Menschen und Verheissung ewigen Lebens bei ihm, geschickt hat, zu reden. Zum Vater, der den Kindern jede erdenkliche Hilfe für ihre Zukunft bietet, hat Fritz ein besonders enges Verhältnis. Nach den ersten Primarschuljahren kommt er ins „Collège", damit er eine „breitere Bildungsbasis bekomme". 1854 schickt der Vater ihn nach Basel zu einer Familie Stöcklin, um auch Deutsch zu lernen. Dort besucht Fritz das Realgymnasium. Er habe, schreibt er später, in dieser Zeit dem Heil der Seele nichts nachgefragt. Im selben Jahr aber verunglücken seine Eltern bei einer Bootsfahrt auf dem Neuenburgersee. Der Vater kommt um, die Mutter bleibt den Kindern erhalten. Das trifft ihn hart. Nach einem Jahr kehrt er nach Neuchâtel zurück, arbeitet bei seinem Bruder im elterlichen Geschäft. Weil aber das Maurerhandwerk zu der Zeit eine Flaute hat, ermöglicht man ihm eine Uhrmacherlehre. Bei seinem dortigen Lehrmeister findet er zum Glauben zurück. Noch geht es hin und her. Berichte von Missionaren wecken in ihm das Interesse an der Mission, ob er das nicht auch wolle? Er schliesst sich dem CVJM an. An einer Versammlung in Yverdon trifft ihn der Ruf zur Mission sehr deutlich. Sein Bruder rät ihm, nichts zu überstürzen. Nach anfänglichen Bedenken, hinter dem Wunsch könnten „fleischliche" Motive stecken, unterstützt ihn auch die Mutter. Er kann das Missionsfest in Basel besuchen und meldet sich darauf im Seminar an. Im August 1861 wird er aufgenommen und tritt im Herbst ins Missionsseminar ein.

Schon nach eineinhalb Jahren wird er für die Goldküste bestimmt. Als „Baubruder“, also nicht ordiniert, wird er ausgesandt. Seine Aufgabe wird sein, sich um verschiedene Bauten zu kümmern, allenfalls auch Neubauten zu errichten.

Laienbrüder

Laienbrüder hatten im Arbeitsgebiet eine andere Stellung als die ordinierten Missionare und wurden zeitweise wie Untergebene behandelt, später aber doch zu den Stationskonferenzen eingeladen. Die „Baubrüder“ waren gegenüber den übrigen Handwerker- und Kaufmanns-Brüdern wiederum anders situiert. Statt einer festgesetzten „Verwilligung“, wie das Gehalt genannt wurde, konnten sie über die für die Mission geleistete Arbeit individuell abrechnen. Aber auch an die Handwerker-Brüder werden die gleichen sittlichen und religiösen Forderungen gestellt, wie an die ordinierten Missionare. Sie gelten, obwohl der Industrie-Kommission unterstellt, als Angestellte der Evangelischen Missionsgesellschaft.[47] Das heisst nichts anderes, als dass sie in der Frage um die Verheiratung dieselben Regeln zu beachten hatten wie die ordinierten Missionare. Dessen ist sich Fritz Ramseyer auch bewusst.

„Heirathungs-Gegenstand“

So ist das Dokument II 1 in seinem Personaldossier überschrieben, nicht von ihm selber, sondern von der damals im Missionshaus für die Ablage und die Personen-Faszikel zuständigen Person. Inhaltlich ist es ein ausführlicher Brief vom 5. April 1864, in welchem er bittet, sich verloben zu dürfen.[48]

> „Wenn ich es heute wage, die Bitte vor Sie zu bringen, können sie versichert sein, dass ich es nicht tue, ohne vor Allem diesen wichtigen Gegen-stand vor den Herrn gebracht zu haben & Ihn um seinen Geist & um seine Führung gebeten zu haben. Diesen Schritt zu machen hätte ich wahrscheinlich länger gewartet & der Paragraph der Missions-Verordnung, der diesen Punkt berührt, hätte mir (sic) davon abgehalten, wenn nicht besondere Verhältnisse mich dazu dringen würden. Meine Bitte, liebe Väter, ist – um Erlaubniss mich zu verloben. – Warum? Das möchte ich Ihnen noch auseinandersetzen.“

[47] BMA Q-9.21,56 (von 1866) und Q-9.21,54 (von 1864). In einer früheren Verordnung stellt die Industriekommission fest, dass man die Handwerks-Brüder – weil sie nicht den mehrjährigen Kurs im Missionshaus besuchen – oft kaum kenne, und sie deshalb eine zweijährige Probezeit zu absolvieren hätten. Dennoch wird sie auch für vorsorglich und „eintretenden Falls“ eine Invaliden- und Witwen-Kasse eingerichtet. Sie kann für diese Brüder aber erst nach bestandener Probezeit von zwei Jahren auf dem Missionsfeld wirksam werden.

[48] Ich gebe Zitate in der Originalfassung wieder. Diese verrät in manchen Formulierungen, dass Ramseyers Muttersprache Französisch ist.

Dann erzählt er, wie in früheren Jahren eine Familie Bontems ihrer Familie sehr nahe gestanden habe. Deren Tochter Rose – sie hatte keinen Vater mehr – ging bei ihnen ein uns aus. Für ihn, Fritz, war sie wie eine Schwester. Während er im Missionshaus war, verlor sie auch noch die Mutter. Sie habe sich nach diesem so schweren Erlebnis entschieden, ihr Leben ganz „dem Herrn anzuwidmen". Durch ihren Pfarrer konnte sie 1863 in eine Anstalt in London eintreten, die Frauen in einem zweijährigen Kurs zum Missionsdienst ausbildete. Gedanken, so schreibt Ramseyer, die die „brüderliche Liebe zu überschreiten drohten" habe er stets bekämpft, wohl wissend, das ihm so etwas als Basler Zögling nicht erlaubt war. Aber wie er im Missionshaus von ihrem Schicksal und ihrem Entschluss hört, werden solche Gedanken doch stärker. Er schreibt:

> „Dieses wurde mir aber noch klarer, als ich im Missions-Haus diesen Entschluss erfuhr (sc. 1863); denn da die Zöglinge dieser Anstalt schon nach einem Cursus von zwei Jahren auf das Arbeitsfeld ausgesandt werden, so blieb dann kein Funken einer solchen Möglichkeit mehr. Einige Monate darauf aber kam meine Bestimmung nach Africa & als mir dann die Möglichkeit zur späteren Heirathung deutlicher als je wurde, so erlaubte ich mir nicht mehr meinen stillen Zug zu ihr zu dämpfen & machte davon mein stetiges Anliegen vor dem Herrn. Bis jetzt ist zwischen uns nichts gesprochen worden mit Andeutung auf eine Verbindung, auch vor meinem Beruf-Wechsel habe ich mich gehütet. – Nun da die Zeit ihrer Aussendung sehr nahe ist (Juni), hat es mich gedrungen Ihnen Alles darzustellen & meine Bitte vorzustellen."

Seine Bitte ziele im Moment nur auf Verlobung, schreibt er. Eine allfällige Verbindung muss ja in die Wege geleitet werden, bevor sie ausreist. Würde aber, so fügt er treuherzig an

> „hier[49] eine Wohnung sein, würde ich Ihnen um Heirathung selbst bitten, aus Gründen, die Sie wohl kennen, denn ich glaube nicht Unrecht zu haben, wenn ich sage, dass die Verhältnisse eines ledigen Baubruders, der den ganzen Tag seine Arbeit draussen hat, während er sein Handwerk treiben soll, schwieriger sind & fordern eher eine Hülfe zu Hause, als die von einem ledigen im Zimmer arbeitenden Bruder….
> Im Blick auf den Herrn werde ich auf die Antwort warten, denn sie ist auch seine Sache.
>
> Ihr Ergebener
> F[tz] Ramseyer"

[49] d.h. in Akropong oder Accra?

Und Basel?

In seiner Sitzung vom 17. Juni 1865 nimmt das Komitee in Basel diesen Brief zur Kenntnis:

> „Br. Ramseyer in Akropong bittet am 5. April um Erlaubnis, sich mit Jungfrau Rose Bontems von Neuenburg zu verloben…
> Das Comitee will der Verlobung nicht hinderlich sein, es werden aber dort Nachforschungen angestellt, sofern sie noch dort ist."

Das geschieht umgehend. Schon zehn Tage später erfährt man, dass die junge Frau zwar nicht mehr in der betreffenden Anstalt, aber immer noch in London sei. Das Komitee bittet sodann Herrn Pfr. Nagel in Neuchâtel, vertraut mit den Verhältnissen der Familie Bontems und Ramseyer, „für Br. Ramseyer eine Anfrage bei ihr zu machen". Die junge Frau sagt zu, sodass von Ramseyer am 9. August als „Bräutigam" gesprochen wird. Allerdings erheben sich Schwierigkeiten bei der „Proclamationsbewilligung", weil der Bräutigam nicht anwesend sei.[50] Wieder wird Pfr. Nagel gebeten, bei den Berner und Neuenburger Behörden nachzuhelfen, die Bewilligung aufgrund einer Vollmacht dennoch zu geben. Die Ausreise der Braut wird auf den 9. Okt. geplant und am 16. Oktober beschlossen, dass Ramseyer von Akropong nach Ossu (Accra) ziehen soll, auch dort gebe es viel zu bauen.

Heirat

Ende Jahr kommt die Braut auf der Goldküste an. Am 8. Jan. 1866 findet die Hochzeit in Christiansborg statt. Schon im folgenden Jahr wird er nach Akropong an die Knabenanstalt (August 1867) und im August 1868 nach Anum in der Eastern Region versetzt.

Dort trifft sie der Krieg der Ashante gegen die Ethnien des Ostens. Sie werden auf einer langen und mühseligen Reise nach Kumase geführt, wo sie während vier Jahren festgehalten werden, offensichtlich als Pfand für politische Ziele[51]. Nach ihrer Freilassung 1874 kehrt das Ehepaar mit ihren noch lebenden Kindern in die Schweiz zurück.

Gleich nach ihrer Rückkehr auf die Goldküste, wird Ramseyer im Dezember 1875 in Akropong ordiniert – er ist nun nicht mehr Baubruder, sondern Missionar!

*

[50] So von Vikar Friedrich Ecklin, in Vertretung von Pfr. Nagel in Neuchâtel, am 4. Aug. 1865 im Auftrag des Vaters, Louis Ramseyer ans Komitee in Basel gemeldet.

[51] resp. Lösegeld, mit dem sich dann wieder Krieg führen liesse!

UND 1880

DAVID HUPPENBAUER

David Huppenbauer wurde am 2. Dezember 1855 in Untertürkheim geboren. Sein Vater Bartholomäus, Weinbauer, oder Weingärtner wie sie es damals nannten daselbst, galt als guter, und wohl auch strenger „Stundenmann“. Neben David gab es eine ganze Reihe von Geschwistern. Die Mutter war, als David in die Mission eintrat, schon gestorben. Mit seiner zweiten Frau zog der Vater nach Schorndorf. David H. war in seiner Jugend ein ziemlicher Schlingel, allezeit zu Streichen aufgelegt. Er erlernt schliesslich den Beruf des Küfers. Im Streit mit dem Vater verlässt er diesen, geht nach Stuttgart, hält sich mit Gelegenheitsjobs über Wasser, gerät ziemlich auf Abwege, bis er durch seine älteste Schwester, Doris, eine Diakonisse, wieder auf bessere Bahnen kommt. Irgendwann versöhnt er sich mit dem Vater und sucht nun den Weg zur Mission, wie schon ein Onkel[52] vierzig Jahre vor ihm.

Er wird – sozusagen zur Prüfung – als Lehrerdiener eingestellt und darauf richtig ins Seminar aufgenommen. Im Vergleich mit seinem Bruder Wilhelm, der 1876 sich auch in die Basler Mission meldet, hören wir, der Wilhelm habe „nicht die Gewandtheit und das Angenehme in seinem Wesen wie sein Bruder (David), ist auch nicht so freimütig wie jener“. Offenbar hält David sich gut. Etwas vorzeitig schon wird er für Afrika bestimmt und auf die Goldküste ausgesandt. Nach einer kurzen Zeit an der Küste (Accra) wird er bald darauf Mitarbeiter seines 5 Jahre älteren Freundes Karl Buck in Kyebi.

Noch immer galt in der Basler Mission, dass Missionare während zwei Jahren sich einleben, einarbeiten und die einheimische Sprache erlernen sollten. Erst danach konnten sie an eine Frau denken und das Gesuch um Heiratserlaubnis nach Basel schicken. Solange Karl Buck auf der Station war, eilte es auch nicht, denn die beiden kamen gut zurecht, und Buck trug sich, obwohl ihm die Heiratserlaubnis längst erteilt worden war, mit dem Gedanken des freiwilligen Verzichts herum, weil er mehr als einmal in dieser „persönlichen Angelegenheit“ einen Korb eingeholt und damit auch den Mut zu weiteren Versuchen verloren hatte.

---

[52] Johannes Huppenbauer, 1841 als Pfarrer für die deutschen Gemeinden am Kur (Südrussland) ausgesandt.

1881. Nach einer turbulenten Zeit ist mit der Verbannung des Königs Amoako Atta I. durch die englische Kolonialregierung für einige Jahre Ruhe eingekehrt. Die Arbeit gedeiht. Mit ihrer etwas andern Sicht der Missionsarbeit finden die beiden zwar die Unterstützung Inspektor Schotts, sich selber aber immer wieder im Konflikt mit den älteren Kollegen. Buck bedarf dringend eines Heimaturlaubs. Da stellt sich die Frage, ob David Huppenbauer früher, als ihm eigentlich zustand, um die Heiratserlaubnis ersuchen sollte, um während dieser Zeit nicht ganz allein zu stehen. Deshalb bittet er zuerst seinen Bruder Wilhelm in Basel, nach einer möglichen Braut Ausschau zu halten, damit er der Missionsleitung zusammen mit dem Gesuch gleich einen Vorschlag unterbreiten könne[53].

Bruder Wilhelm auf Brautschau

Allem Anschein nach wollte Huppenbauer sich in dieser persönlichen Angelegenheit doch nicht so ganz in die Hände „der geehrten Committee“ begeben, sondern setzte dafür mehr Vertrauen in seinen Bruder. Nun bestand zwischen dem Seminar in Basel und der pietistischen Gemeinde in Aarau und Zofingen eine enge Beziehung. Im „Klösterli“ zu Zofingen wurden Gottesdienste mit Zöglingen der Basler Mission gehalten. Bei solchen Einsätzen kamen sowohl David, wie nach ihm sein Bruder Wilhelm nach Zofingen und auch nach Brittnau. Wilhelm lernt dort Lydia Plüss, die Tochter des Kaufmanns Johannes Plüss kennen. Er weiss, dass ihr auch David schon begegnet ist, sie sich also kennen müssten. Er macht seinem Bruder diesen Vorschlag. Ende 1880 ist der im Besitz der Mitteilung und bewegt sie in seinem Herzen.

Die Werbung beginnt

Dass sie nicht selber um eine Frau werben können, ist für diese jungen Männer nicht ungewöhnlich. Normalerweise würde dies der Vater getan haben. Das Wagnis beim Missionsdienst liegt darin, dass die Suche in „fremde“ Hände gelegt wird. Nach reiflicher Überlegung schreibt David seinem Bruder am 20. Januar zurück.

> „Inzwischen nun hatte ich Zeit mir die Sache zu überlegen und das Resultat dabei ist, dass ich, wie Du auf beiliegendem Brief an die ge. Comite ersiehst, um *Lydia Plüss* angehalten habe. Und gehorsam lege ich die ganze Sache in die Hand unseres Heilandes, der (es) gewiss selbst recht machen wird.

---

[53] Ein Brief dieses Inhalts findet sich nicht in den Akten. David erhielt Ende Dezember 1880 Antwort, was voraussetzt, dass die Anfrage an Wilhelm schon einige Zeit vorher weggegangen war.

Es ist freilich eine grosse Zumutung für eine Jungfrau, einem Mann ein JA zu geben, den sie gar nicht kennt. Allein, in unserer Mission lässt sich die Sache nicht ändern ... Doch hat es bis heute noch nicht an einem gefehlt, warum sollte ich jetzt gerade in dieser Stunde mich von der Führung des Herrn losmachen und selber gewählte Wege gehen?"

Mit gleicher Post geht der Brief an die Missionsleitung ab. David ist sich sehr wohl bewusst, dass er eigentlich noch gar nicht um die Heiratserlaubnis ersuchen dürfte. [54]

„Bitte um Heiratserlaubnis Kyebi, den 10. Jan. 1881

Geehrte Comite !
Da kaum anzunehmen ist, dass Sie die Bitte Br. Bucks um Heimkehrerlaubnis abschlägig beantworten werden, auch höchst unwahrscheinlich, dass für die Zeit seiner Abwesenheit ein verheirateter Bruder hierher versetzt werde, so erlaube ich mir, die geehrte Comite zu bitten, mir in Rücksicht hierauf Erlaubnis zum Heiraten zu erteilen. Zwar weiss ich sehr wohl, dass unsern Verordnungen gemäss diese Bitte etwas verfrüht ist, doch hoffe ich, die geehrte Comitee werde in Anbetracht der Verhältnisse der Station Kyebi mir das verzeihen und diese meine Bitte genehmigen.

Würde die geehrte Comitee mir diese Bitte gewähren, so darf ich wohl gleich eine weitere beifügen, nämlich für mich um *Lydia Plüss,* Tochter des Johannes Plüss, Tuchfabrikanten in Brittnau bei Zofingen anzufragen, von der ich weiss, dass sie eine entschiedene, gläubige und fromme Jungfrau ist, deren Herz innig mit unserer Mission verbunden ist ..."

Dabei lässt er es nicht bewenden. Ihm liegt daran, dass die Sache speditiv angegangen wird. So gibt er seinem Bruder auch Anweisungen, was zu tun sei, sobald das Komitee die Erlaubnis erteilt und später die angefragte Lydia ihre Zustimmung gegeben habe. Er möge

- sogleich melden, wie das Komitee entschieden habe,
- sobald die Lydia zusagt, diese besuchen und sie von ihm grüssen lassen,
- falls sie schon so bald reisen würde, dass er gar nicht schreiben könne, sie beruhigen,
- und falls er, David, Bräutigam werde, gleich Verlobungskarten drucken lassen.

Und was ihn selber betreffe: „so bin ich also immer noch der Alte wie in Euro-

[54] D-10,14 S. 78ff

pa, heiter, fröhlich, und seit Monaten bin ich da so wohl und gesund als je einmal".

Am folgenden Tag berichtet er auch den Eltern und übrigen Geschwistern. Nun ist also die Sache mit der Suche einer Frau in andere Hände gelegt. Er weiss natürlich, wie lange ein Brief nach Basel braucht, und erst recht wie lange, bis er eine Antwort, nicht nur des Komitees, sondern auch der angefragten jungen Frau erhält[55]. Da heisst es einfach: warten.

Heiratserlaubnis

In Basel wird man recht schnell aktiv. Am 1. März – noch bevor das Komitee darüber entschied – geht ein Brief an die Familie Plüss in Brittnau bei Zofingen ab. Dort wird die Antwort lange erwogen. Am 9. März erteilt die Basler Leitung die Heiratserlaubnis (Protokoll 1881 § 100) und lässt umgehend Erkundigungen über Lydia Plüss einholen. Der befragte Pfarrer kennt zwar die Familie, aber ausgerechnet die Tochter Lydia kennt er nicht. Dennoch ist das Ergebnis positiv. Wilhelm meldet die Zustimmung des Komitees sofort nach Afrika.

Am 31. März antwortet Joh. Plüss dem Komitee.

> „Verehrte Comittee
> Verzeihen Sie uns, wenn wir auf Ihr geehrtes Schreiben vom 1. März an meine Familie und mich erst jetzt zur Beantwortung derselben kommen. Ihre Anfrage … hat uns sehr überrascht. Die Entscheidung in dieser Angelegenheit war für uns eine sehr schwere Aufgabe und wollen Sie uns gütigst entschuldigen, dass wir so lange Ihnen die Antwort schuldig blieben.
> Nach reiflicher Überlegung hat sich unsere Lydia entschlossen Ihre Anfrage als vom Herrn mit JA zu beantworten. So wollen auch wir Eltern unsere Einwilligung zu dieser Verbindung nicht versagen. Obgleich es uns schwer fällt, unsere Tochter in das ungesunde Klima von Afrika verreisen zu sehen, so wollen wir doch unserm Heiland vertrauen, dass Er, wenn es sein Wille ist, unsere Tochter im fremden Land erhalten kann, wenn gleich sie auch nicht von sehr starker Constitution ist ...
> Achtungsvollst verbleibt Ihnen im Herrn verbunden Johannes Plüss"

Mit diesem JA ist Lydia Plüss nun die Braut von David Huppenbauer und aus ihm ein verliebter Bräutigam geworden. Bis allerdings diese Freudenbotschaft Kyebi erreicht, vergehen Wochen, Wochen ungeduldigen Wartens. Erst am 11. Mai kann

[55] In der Regel 6 Wochen. Frühestens Ende Februar also konnte sein Gesuch beim Komitee sein.

David Wilhelms Brief in Empfang nehmen; das offizielle Schreiben der Missionsleitung folgt sogar erst zehn Tage später, am 21. Mai!

Warten, Warten, Warten

5. April 1881. Noch hat David Huppenbauer keine Gewissheit, noch ist kein Brief eingetroffen, weder von Wilhelm, noch vom Komitee, geschweige denn der angefragten Lydia. Da drängt es ihn, den Kontakt aufzunehmen. Er gibt Karl Buck, der anfangs April seinen Urlaub antreten kann, einen Brief mit. Auch ein Ringlein für die erhoffte Braut ist dabei. Sollte die Angefragte abschlägigen Bescheid gegeben haben, so blieben Brief und Ring nicht zugestellt. Und einfach ist es ja nicht, einer Frau, über deren Zusage man noch im Ungewissen ist, einen Liebesbrief zu schreiben.[56]

> „Liebe Lydia
> Wenn ich mich anschicke, Dir hier einige Zeilen zu schreiben, so erwarte nicht, dass ich hiermit meinen Gefühlen, die mich bewegen, Ausdruck geben wolle. Nein, das ist mir für den Augenblick unmöglich, da ich bis heute nicht weiss, ob Du meine Anfrage um deine Hand angenommen hast oder nicht. Dieser Umstand und kein anderer ist es, der mich hindert offen und herzlich zu schreiben ... Weiss ich einmal bestimmt, dass ich dich wirklich mein nennen darf, so wirst Du sehen, dass ich offen und herzlich schreiben werde.
> Ich nehme also vorerst an, dass Dir der Herr das Herz aufgetan hat und dich willig gemacht, mir nach Afrika zu folgen und du dich bereit erklärst, mir, einem Dir ziemlich unbekannten Mann, dein Herz zu geben. Ist dem also, so heisse ich dich herzlich willkommen und versichere Dir, dass Du nicht wenig Raum habest in meinem Herzen. Obwohl ich dich nur kurz einmal gesehen und nur wenig mit Dir reden konnte …
>
> Als geringes Zeichen meiner aufrichtigen Liebe schicke ich Dir durch meinen Freund K. Buck, der Dir viel von mir erzählen kann, ein Ringlein aus echtem afrikanischem Gold, das mir der König von Kumase geschenkt hat. Ein Christ aus Kyebi hat das Ringlein gemacht. Bin ich in diesem Brief kalt und verschlossen, so möge dieses Ringlein ein besonderer Zeuge sein, der Dir, wenn Du es an deinen Finger gesteckt hast, fortwährend zuflüstere, dass der, welcher Dir dasselbe geschickt, dich liebt, von ganzem Herzen liebt. Dich der Gnade unseres Heilandes empfehlend schliesse ich mit herzlichsten Grüssen
>
> Dein David Huppenbauer“

[56] D-10,14 S. 117

Auch für Eltern und Geschwister gibt Buck Briefe und Ringe aus echtem afrikanischem Gold mit. Eine erste Unsicherheit wird drei Wochen später genommen, wie Wilhelms Mitteilung eintrifft: Am 9. und 16. März hatte das Komitee in Basel über Davids Antrag befunden, die Heiratserlaubnis erteilt und die Zustimmung zu Lydia Plüss geben. Am 25. April dankt David seinem Bruder:

„Lieber Wilhelm
Letzten Dienstag, wie ich von Asiamang zurückkehrte, traf ich deinen Brief vom 12. März. Ich danke Dir bestens für die Mitteilungen. ... Es ist so unangenehm und peinlich, wenn man so lange in Ungewissheit schwebt. Heute sind es gerade 3 Monate, seit ich geschrieben.
Ich tue meine Arbeit wie gewöhnlich, in meinen Freistunden dagegen, namentlich abends von 7-9, wenn ich so ganz allein mit meiner Pfeife bei meinem Tisch sitze, erwäge ich oft die Lage: Wann wird endlich eine Antwort kommen und welcher Art wird sie sein? ein Nein oder ein Ja? Ich weiss es nicht, aber eines weiss ich: Ich habe die Sache dem Herrn (an)befohlen, es wird, es muss gewiss recht werden, ob Ja oder Nein erfolgt. Letzteres würde mir allerdings nicht leicht fallen, denn je länger ich diese Sache bewege in meinem Herzen, desto schwerer wird es mir, die l. Lydia nicht mein nennen zu dürfen ... Seit Karl fort ist, ist es öd und kahl in meinem Haus geworden. Ich wünsche mir, es käme bald wieder Leben darein. Sogar die Harfe hängt an der Weide[57], denn nur selten komme ich zum Spielen."

Wie eine Woche später noch immer kein Bericht von Lydia Plüss eingetroffen ist, schreibt David seinem Bruder sehr offen über die innere Not, die ihm dieses Warten bereitet:[58]

„Gestern Abend erhielt ich deinen Brief vom 21. und 23. März. Habe herzlichen Dank, dass Du mir so fleissig berichtest und mir so getreu über den jeweiligen Stand und Fortgang meiner persönlichen Angelegenheit Mitteilung machst. Das, was Du mir im genannten Brief mitteilst, hat mich nicht wenig gefreut und erquickt. Ersehe ich doch daraus, dass die Sache nun ihrer baldigen Lösung entgegensieht. Diese Lösung ist für mich dann zugleich eine Erlösung. Denn ich sage Dir, es muss erlebt und erfahren sein, um zu wissen, wie tief derartige Fragen in das Herz und das Gemüt eines einsamen, fast allein stehenden Missionars einschneiden und welch lange Erwartung es ist, wenn man so nahe am Ziel stehend, in Furcht und Hoffnung beharrt und Nacht und Tag der endgiltigen Entscheidung harren muss. Wenn ich Dir eben geschrieben, diese Lösung habe

---

[57] Anspielung auf Psalm 136, ein Zeichen, dass die Wehmut wohl grösser war, als der Brief verrät !
[58] D-10,14 S. 122 vom 30. April 1881

mich gefreut und erquickt, so ist das gewiss wahr, aber ich füge bei, es ist eine Freude mit Zittern; denn noch bin ich nicht im Besitz des einen Wortes „JA“, dessen ich so sehnlichst harre ....

Ich bin ein Mann, kräftig und stark, der etwas ertragen und Durchmachen kann, und doch gestehe ich, es hat mich einen Kampf gekostet, der mir tief das Herz bewegte, bevor ich mich entschlossen, diesen Schritt zu tun. Ich habe ihn durchgekämpft. Ich habe überwunden, die Finsternis musste dem Licht weichen, das der Herr gesandt ... Hat es mich einen harten Kampf gekostet, die Frage um die Hand und das Herz zu stellen, wie viel schwerer mag es einer Jungfrau werden, die viel inniger fühlt und tiefer empfindet als ein Mann, darauf zu antworten.“

Das Los ist mir gefallen aufs lieblichste !

Endlich, am 10. Mai kommt die ersehnte Post. Nun ist sein Herz voll Dank[59].

„Gestern ist mein Glauben ins Schauen verwandelt worden, indem ich sowohl von Dir, als (auch) Schw. Doris erfuhr, dass Frl. L. Plüss mir ein JA-Wort gegeben. Es ist wirklich wahr, ich bin ein glücklicher Bräutigam und darf eine treue, Gott ergebene Jungfrau als meine Braut lieben. Dass diese frohe Botschaft mein Herz mit Freude und Wonne erfüllt hat, brauche ich nicht erst zu sagen. Der lb. Heiland hat mich gnädig angeschaut und über Bitten und Verstehen an mir getan. Des freue ich mich und bin fröhlich, das danke ich ihm vom Grund meines Herzens. Aber auch Dir habe ich meinen wärmsten Dank auszusprechen für deine treuen Elieserdienste.“[60]

Am gleichen Abend kommen noch die Kirchenältesten von Kyebi zum Missionar, um ihre Freude darüber auszudrücken, dass er nun eine Braut habe und auf der Station bald ein verheirateter Missionar lebe. Besondere Freude würde Diakon Date haben, der ihm wie Buck so recht ein Freund geworden ist. Noch gibt es ja kein persönliches Lebens- und Liebeszeichen der Braut.

Jetzt aber bricht es fast ungestüm aus dem jungen Missionar:[61]

„Innig geliebte Braut
Das Los ist mir gefallen aufs Lieblichste, mir ist ein schön Erbteil geworden!
Das ist so etwa der Grundgedanke, der seit gestern Nachmittag mein Herz und Gemüt bewegt. Ist mir doch endlich nach langen, bangen Wochen gestern die

[59] D-10,14, S. 135
[60] Erinnert an die Geschichte von der Brautwerbung für Abrahams Sohn Isaak durch Elieser.
[61] D-10,14, S. 128ff vom 11. Mai 1881. Der folgende Satz, eine Anspielung auf Psalm 16,6.

frohe Botschaft zugekommen, dass Du, geliebte Lydia, meine Anfrage um dein Herz und deine Hand nicht verschmäht habest, sondern dich bereit erklärt (hast) mir ein JA-Wort zu geben. Das ist vom Herrn geschehen und ist ein Wunder in meinen Augen, darum will ich ihn loben und seinem Namen danken, dass er so freundlich ist und mich angesehen hat nach seiner grossen Gnade, dass er meine vielen Gebete nicht nur gehört, sondern auch erhört hat.
Es drängt mich aber auch Dir, liebe Lydia, meinen innigsten, wärmsten und herzlichsten Dank auszusprechen für das grosse Vertrauen und die aufopfernde Liebe, die Du mir entgegengebracht, indem Du mir ein Ja-Wort gegeben. Doch was sind in solchem Fall Worte, auch wenn sie den wärmsten und aufrichtigsten Dank atmen – Liebe lässt sich nur mit Liebe beantworten. Darum ist hier mein Herz, mein ganzes ungeteiltes Herz, das von heute ab Dir, aber auch nur Dir gehört. Nimm es hin als Zeichen und Unterpfand meiner aufrichtigen Liebe und Dankbarkeit gegen dich.
Wie gerne und sehr wünsche ich doch auch nur einen Augenblick bei Dir verweilen und Dir ins Auge sehen zu dürfen, dich umarmen und an mein Herz drücken zu dürfen, um Dir zu zeigen, wie herzlich ich dich liebe. Ich nehme dich, lb. Lydia, hin als eine edle Gabe von der Hand meines himmlischen Vaters ...
Freilich verberge ich mir nicht, dass es dich gewiss einen schweren heissen Kampf gekostet, bis Du dich endlich zu einem freudigen JA entscheiden konntest und dass demselben Tage voller Schmerzen, Ängste und Zweifel vorausgegangen sind, vielleicht auch ruhelose Nächte … Ich konnte nichts tun, als dich unserem lb. Heiland anbefehlen. Er hat Dir geholfen, was ich ihm von Herzen danke … Ihm allein wollen wir vertrauen. Er sei und bleibe der Dritte in unserm Bunde. Doch soll unsere Hauptsorge nicht allein die sein, glücklich zu werden, sondern vielmehr, glücklich zu machen, was uns betrifft, der Mann die Frau und umgekehrt, sodann die, mit welchen wir in Berührung kommen. An Gelegenheit hierzu fehlt es hier nicht. Denn unter einem unglücklichen Volk lebe ich und glücklich, ja selig zu machen ist meine Arbeit und wird, so Gott Gnade gibt, auch die deinige werden. Das ist ein köstlicher Beruf."

Er berichtet dann aus seiner Arbeit, erkundigt sich nach ihrer Mutter, die krank geworden ist und erzählt einiges über die Hintergründe seiner Anfrage:

„Wie es gekommen, dass ich es gewagt um dich zu werben, hat Dir wohl längst mein l. Br. Wilhelm mitgeteilt. Der ganze Verlauf dieser Sache ist mir selbst wunderbar. Als wir im Frühjahr 1879 in Aarau zum ersten Mal einander sahen, hätte ich nie oder kaum geahnt, dich lb. Lydia einmal als Braut lieben zu dürfen.

Merkwürdig ist und bleibt mir dieses Zusammentreffen immer ... Lass mich ehrlich und offen über diese erste Begegnung mit Dir hier reden.
Es war vor dem Bahnhof in Aarau, wo dich mein Auge zum ersten Mal traf, und ich dachte, diese Jungfrau ist sicherlich ein Kind Gottes, das heute auch in der Kapelle war. (…) Kurz darauf wurde ich von Herrn Lehrer Höfner und einem andern Mann von Brittnau, angesprochen und bald sah ich, dass Du zu ihnen gehörst. In der Eisenbahn sassen wir 4 sodann zusammen, und wenn ich mich auch absichtlich meist mit den zwei Herren unterhielt, hab ich doch nicht versäumt, dann und wann mein Auge zu Dir hin schweifen zu lassen und wie ich Dir einmal so geheim ins leuchtende Auge schaute, durchzuckte es mich wie ein Blitzstrahl: „Das gebe einmal eine Seele für dich, wenn Du nur wüsstest, wer sie ist und wie sie heisst." Doch so rasch als dieser Gedanke in mein Herz gekommen, so rasch habe ich ihn auch unterdrückt, weil ich nämlich darüber gestraft würde, als über einen Gedanken, der eines Missionszöglings unwürdig sei. In Olten stieg ich aus und Du gabst mir einen Gruss an Karl, ohne mir nur deinen Namen zu sagen und ich selbst vergass, dich zu fragen. Deinen Gruss habe ich ausgerichtet und Br. Jans fand auch bald heraus, dass er von niemand anderem sei als von Lydia Plüss, da wusste ich deinen Namen."

Kurz vor seiner Bestimmung nach Afrika war er wieder in Zofingen und hoffte einen Abstecher nach Brittnau machen zu können, aber seine Gastgeberin liess dies nicht zu. Nachher habe er nicht mehr daran gedacht, bis eben Bruder Wilhelm ihm von ihr schrieb. Nun aber: „Wie sehne ich mich nun nach einem ausführlichen Briefe von Dir. Hoffentlich bist Du nicht so grausam und lässt mich warten, bis Du diese Zeilen erhalten hast." Er selber wolle ihr alle vierzehn Tage schreiben und schliesst dann: Es „grüsst und küsst dich dein dich innig liebender Bräutigam

David Huppenbauer"

Schon in diesem Brief kommt die Vorstellung klar zum Ausdruck, die auch die Verordnungen der Basler Mission durchzieht und wohl aus der Theologie der Herrnhuter Brüdergemeine übernommen ist, dass die Ehe nicht eine Privatangelegenheit ist, sondern ganz im Blick auf den gemeinsamen Dienst im Reiche Gottes geschlossen wird.

Wie seinem Bruder Wilhelm, schreibt er auch der älteren Schwester, die sich ihrerseits gleich der jungen Braut zugewendet und geschrieben hat. Schwerer fällt es ihm, den Eltern zu schreiben. Einmal weiss David, wie viel Mühe er seinem Vater als ungezogener Junge und später als den Freuden der Welt ergebener Bursche bereitet hatte. Dann hätten sie vielleicht gerne selber dem Sohn die richtige Frau besorgt – wie es sonst Sitte und Brauch war. So bittet er vor allem um ihren Segen.

Warten auf ein erstes Zeichen

Wie eine Woche später noch immer kein Lebenszeichen von Lydia kommt, schreibt er ihr, „damit du, liebes Herz, nicht so lange warten musst". Er denkt an Europa, wie nun wohl der „lb. Freund Buck" bei ihr zu Besuch war, ihr erzählt und das Ringlein gebracht habe, und hofft, ihr damit eine Freude gemacht zu haben. Er denkt an ihre Unsicherheit, jung, unerfahren, in eine ganz neue, fremde Welt ziehend, und lässt sie von den Kollegen grüssen, die sie jetzt schon willkommen heissen. Und dann:

> „Es ist meine sehnliche Bitte zum Herrn, dass er uns doch recht innig miteinander in seiner Liebe vereinigen möchte und er uns schenke, dass ein jedes das andere durch die ihm vom Herrn verliehenen Gaben und in einer Art und Weise nicht nur unterstützen, sondern ergänzen möchte, dass es Wert hat für unserer Seelen Seligkeit. Das sei und bleibe unsere Aufgabe, einander dem Herrn, unserm Heiland näher zu bringen, sodass wir dereinst nicht umsonst gelebt, nicht vergebens geliebt und gelitten haben. Vergiss nicht, liebe Lydia, dass leiden und lieben, lieben und leiden hier in Afrika nah mit und in einander verflochten sind."

Aus seinem Alltag berichtet er: Er habe schon eine Haushaltung. Sie müsse keine neue mitbringen, vielleicht aber sei es schwieriger, die schon vorhandene in Ordnung zu bringen. Er erzählt von seinem jungen Koch, der versucht, Pflaumenkuchen zu machen, vom 12-jährigen Hausmädchen, das er im Blick auf ihr Kommen eingestellt, aber auch vom Morgen, den er auf der Strasse lachend und plaudernd mit einer Schar von Kindern verbracht, und den Menschen, die kommen und um Hilfe bitten.

Auch von Vater Bartholomäus, dem Weinbauern in Schorndorf, will kein Brief, keine Reaktion auf die Brautwerbung kommen. Sorgen plagen David darob. Über Schwester Doris hatte er gehört, dass der Vater fand, er gehe zu grosszügig um mit Geld. Deshalb bittet er am 20. Mai den Vater, mit Buck über die Geldangelegenheiten zu sprechen. Er legt ihm den Bericht über die Reise nach Kumase ans Herz, vielleicht könne dieser Erfolg für den Vater ein kleiner Ersatz für den vielen Kummer, den er ihm früher bereitet, geben. Auch am 2. Juni meldet er Wilhelm, es schmerze ihn schon, dass der Vater auch in der 5. Post seit der Verlobungsanzeige sich noch nicht zu Wort gemeldet habe.

Endlich

Und dann endlich, noch ein Woche später, am 23. Mai, ist es so weit! Ein Brieflein kommt an. Allem Anschein hat auch Lydia nicht gewartet, bis der erste Brief von David bei ihr eintraf, sondern von sich aus oder aufgrund der Besuche und der Briefe, die sie von Wilhelm und Schw. Doris erhalten hatte, eine Karte mit Gruss geschickt, nicht grösser als der erste Gruss, den David ihr im Januar geschickt hatte. Da antwortet er:

> „Meine teure, innig geliebte Lydia
> Gestern von einer mehrtägigen Rundreise auf einem Teil meiner Aussenstationen zurückgekehrt, traf ich zu meiner grossen Freude das erste Lebenszeichen von Dir, ein herziges Bildlein mit noch herzigeren Herzensgrüsschen von *„seiner in inniger Liebe ergebenen Braut Lydia“.* Nimm herzlichen Dank für die mir dadurch bereitete Freude und Erquickung. Ach, dass Du doch wüsstest wie lieb und teuer Du mir bist, dass ich dich, lb. Lydia, als teuerstes Kleinod, das ich hier auf Erden besitze, im Busen herze. Gewiss, die Schüchternheit, die dich bis jetzt vom Schreiben eines eigenen Briefes zurückhielt, müsste weichen… Umso dankbarer bin ich, dass die lb. Schw. Doris und Wilhelm (mir) dann und wann etwas aus deinen Briefen an sie mitteilen und ich ersehe daraus, dass Du dich so nach und nach in deine neue Lage zu finden weißt.
>
> Während Du, geliebte Lydia, in deinen ersten Briefen an Wilhelm und Schw. Doris mich immer mit dem Ausdruck „dein l. Bruder“ bezeichnet hast, so sehe ich jetzt auf einmal, dass Du anfängst deine Redeweise zu ändern und von mir schreibst als „meinem lieben David“. Ich kann Dir gar nicht sagen, wie sehr mich das erfreut und erquickt hat, aus deinen eigenen Worten zu erfahren, dass Du mich als Dir gehörig ansiehst.“

Und wieder ordnet er die Beziehung zu seiner Braut und die ihre zu ihm ein in das ganze Erlösungswerk und die Liebe „unseres Heilands“. Wie dessen „Liebe stärker ist als der Tod, so möge auch ihre Liebe täglich reicher, heiliger und reiner werden und heranreifen zu jener Vollkommenheit und Kräftigkeit, die sogar dem Tod Trotz zu bieten vermag“. Zudem erfahren wir, dass mit gleicher Post durch den Sekretär des Komitees ihre Verlobung bestätigt und mitgeteilt wurde.

Am 31. Mai feiert Lydia ihren 21. Geburtstag. Zu diesem Zeitpunkt weilt David in Begoro und schreibt darüber am 4. Juni:

> „Meine teure und geliebte Lydia
> …(ich) habe letzten Montag Kyebi verlassen, um für 8 Tage nach Begoro zu gehen. Es war der 30. Mai als ich tropfnass und müde nach 10-stündigem

> Marsch mit Einbruch der Nacht in Begoro eintraf. Da niemand eine Ahnung von meinem Kommen hatte, war die Freude des unerwarteten Besuchs gross, besonders bei Br. Munz. Diese wurde aber nur noch erhöht, als ich Br. Munz mitteilte, dass ich morgen, den 31. Mai, den Geburtstag meiner innig geliebten Braut (die Du, l. Herz, wohl auch kennen wirst?!) in Gemeinschaft mit ihm feiern wollte. Es war bald Mitternacht, als ich mich zur Ruhe legte. Aber, noch ehe ich recht ausgeschlafen, in früher Morgenstunde, kam Br. Munz, mir zu gratulieren und die herrliche Losung des Tages zu lesen: *Das ist vom Herrn geschehen und ist wunderbar vor unsern Augen. Ps. 118,23.*
> Wir dachten beide daran, dass vielleicht meine Schwestern Doris und Lydia an diesem Tag bei Dir sein werden. Mein Geist weilt immer viel bei Dir, bei Tag und Nacht, und ach, wie gerne wollte ich nur auch dann und wann einige Augenblicke, bei Dir, meiner Liebe, verweilen, um unsere gegenseitige Liebe, die wir zu einander im Herzen tragen, ausdrücken zu können. Nun aber heisst es: Habe Geduld. Warte! Selig ist, wer nicht sieht, fühlt und empfindet und doch glaubt."[62]

Noch immer wartet er auf einen richtigen Brief von ihr, versteht aber, dass es für sie schwer sein würde zu schreiben, ohne etwas von ihm in Händen zu haben. In 14 Tagen, so hofft er, dürfte es so weit sein. Inzwischen nimmt er auch mit den Schwiegereltern Plüss Kontakt auf und versucht, ihnen seine Station Kyebi schmackhaft zu machen. Am Pfingstmontag (6. Juni) gibt es wieder ein Brieflein, mit Photo von ihr. Über beides, das Bild und den kurzen Gruss freut er sich ungemein; sie schreibt ja als „deine von Herzen glückliche Braut".

> „Ach, wie freute ich mich doch, als ich die Envelope öffnete und mir auf dem Bilde dein freundlich mildes Auge entgegen leuchtete. Es war kein fremdes Auge, das mir entgegen strahlte, kein fremder still lächelnder Mund, den ich da erblickte – nein es waren jene mild freundlichen Züge, jenes kindliche, treuherzige Auge, das mich schon damals so mächtig fesselte und sich so tief und unverwüstlich meiner Seele eingeprägt hat, das mir, ob ich wollte oder nicht, wie jetzt Liebe und Hochachtung abnötigte. Ich kann nicht anders als Dir wiederholt meinen herzlichsten und aufrichtigsten Dank auszusprechen, dass Du, teuerste Lydia, mir gestattest, dich zu lieben und versicherst, dass ich von Dir geliebt bin. Ja es ist ein köstlich Ding geliebt zu werden."

Sorge bereitete ihm, dass in der letzten Zeit auf der Goldküste verschiedene Brüder gestorben sind. Was könnten solche Nachrichten bei seiner Braut oder ihren

[62] Er widmet ihr zum Geburtstag auch ein Gedicht, ob es abgeschickt wurde, wissen wir nicht.

Eltern ausrichten? Was, wenn sie darüber ihren Schritt bereuen würden? Deshalb wendet er sich auch an den Freund und Kollegen Karl Buck am 14. Juni

> „Lieber Karl
> Wenn ich Dir in letzter Zeit nicht geschrieben, so wirst Du das leicht zu entschuldigen wissen, wenn Du bedenkst, dass ich erst kürzlich Bräutigam geworden und sich dadurch eine ganz neu Absatzquelle für meine Briefe eröffnet hat. .... denn ich gestehe Dir offen, dass ich wirklich verliebt bin. ... Ich denke, Du freust dich, wenn auch nicht viel, so doch ein wenig, mit mir und hast gewiss dein Versprechen ausgeführt, nämlich meine l. Braut von Basel aus zu besuchen. .... Eine Bitte habe ich an dich: Sei so freundlich und sprich meiner l. Braut recht Mut zu, wenn sie durch die letzten Todesnachrichten etwas niedergeschlagen worden wäre.“ (D-10,14, S. 171).

Ach, wie schwierig war dieser ganze briefliche Verkehr: Buck hatte Anfang April Kyebi verlassen, die Goldküste selber Ende April, konnte also frühestens Ende Mai Lydia Plüss besuchen und bis er den Brief mit Davids Sorge in Händen hatte, würde es wohl Ende August sein. Was könnte bis dahin nicht alles geschehen? Denn zu der Zeit, als er Buck schrieb, war David selber auch ziemlich schwer erkrankt.

Krankheitsnot

Obwohl verliebter Bräutigam lässt David sich von seiner Arbeit regelrecht mitreissen. Während der vier vergangenen Monate war er, mit Buck oder dann allein, mindestens acht Wochen auf Reisen zu seinen neun Aussengemeinden, oder wie im Januar auf Erkundung Richtung Norden und Westen. Im gleichen Jahr mahnt ihn das Komitee, er solle Gott nicht versuchen mit seinem Eifer. Oft geht es da durch übergetretene Flüsse und Schlamm, trockene Kleidung ist rar. Kein Wunder befällt ihn hin und wieder ein Fieber. Kein Wunder, überfällt ihn ein solches auch nach dem entspannenden Besuch in Begoro, wo er es ja, im Vergleich zu Kyebi kalt gefunden hatte. Diesmal war es ernster, als er in früheren Briefen zugegeben hatte, denn am 25. Juni — schreibt er seiner Braut:

> „Meine innig geliebte Lydia
> Die letzten Nachrichten von meiner Krankheit haben dich gewiss etwas beunruhigt, umso mehr als in letzter Zeit gleich drei Brüder und eine Schwester so rasch hintereinander durch den Tod von uns genommen worden sind. Nun, es ist wahr, auch ich hatte dem Tod ins Angesicht zu sehen, und was mich betrifft, so hatte ich heute vor 8 Tagen wirklich bange, wie es wieder werde mit mir, denn durch das viele Nasswerden in letzter Zeit hatte ich mir ein heftiges Fieber

> und starke Erkältung zugezogen, welche das Schlimmste befürchten liessen. 3 Tage lang konnte ich ausser Wasser nichts zu mir nehmen, was mich neben dem Fieber natürlich sehr entkräftete, und bekanntlich geht in Afrika nichts schneller als das Sterben. Doch hatte der Herr nach seiner grossen Gnade mich der Gefahr entrissen und mir Leben und Gesundheit aufs Neue geschenkt. ... Nicht wahr, m. Herz, Du dankst mit mir dem Herrn für seine grosse Liebe und wunderbare Gnade, die er mir auch hierin wieder erzeigt hat. Ach, wie ich so den Tod vor Augen hatte und ernstlich ans Sterben denken musste, da war es hauptsächlich Eines, das mir dasselbe erschweren wollte und wovon mich zu trennen mich furchtbar hart ankam. Und das Eine warst Du selbst, Lydia, ein Beweis, dass die stärksten Bande, die mich hienieden binden, an Dich, Geliebte, geknüpft sind.“

Dann denkt er sich aus, wie die Lydia jetzt wohl am Missionsfest sei und da – zu ihrer inneren Stärkung – die Stimmen derer vernehmen könne, die von ihrer Arbeit und viel Durchhilfe berichten. Scherzhaft fügt er bei

> „Nicht wahr, Liebste, es ist etwas hart, Braut zu sein und keinen Bräutigam zu haben, oder zu sagen, Du musst dich noch ein wenig getrösten. Bald wird die Zeit da sein, wo wir einander ins Auge schauen und ans Herz drücken dürfen.“

Mit einem tröstlichen, wohl mehr seine Wünsche als reale Möglichkeiten ausdrückenden Gedanken schliesst er seinen Brief:

> „Fast glaube ich, dass es möglich wäre, dass die Todesfälle hier noch eine Nachbestimmung eines Bruders vom Missionshaus zur Folge haben könnte. Wer weiss, ob nicht der l. Wilhelm am Ende noch mit Dir nach Afrika reist. Welch eine Freude wäre es für dich und mich – und welch ein Schmerz für die l. Eltern und Geschwister! Muss Dir immer und immer wieder sagen: Fürchte nicht, wanke nicht, bleibe fest und unbeweglich, wenn auch Stürme brausen und Wetter toben. Trotz aller Krankheit und Tod bleibt es doch wahr, dass die afrikanische Mission die Sache des Herrn ist. Denn wo das Kreuz ist, kann der Herr nicht ferne sein.“

Bräutigam ohne Braut

Noch immer aber wartet David auf einen wirklichen Brief seiner Braut. So klagt er am 27. Juni seinem Bruder, es sei so schwierig, so lange aufs Warten angewiesen zu sein. „Ich komme mir fast vor, wie der englische König, der in der Geschichte unter dem Namen Johannes ohne Land bekannt ist: *Bräutigam ohne Braut“*.

Das bleibt vorläufig auch weiterhin so. Da kommt Post – aber nichts von ihr.

> „Ach welch bittere Enttäuschung ist es als für mich, wenn ich Tag für Tag, Stunde um Stunde der von der Küste kommenden Post entgegensehne mit der stillen Hoffnung im Herzen: Vielleicht kommt dieses Mal ein Brief oder doch wenigstens ein Grüsslein von deiner so rein und innig geliebten Lydia. Würdest Du ahnen oder wissen, welch grosse Freude Du mir mit einem, wenn auch kleinen Brieflein bereiten würdest – Du, liebes Herz, bist wirklich ein wenig unberechenbar.
> Nicht wahr, Du lachst, wenn Du dies liest, und denkst, „ja ganz ebenso ist es mir ergangen, … bevor ich mit einem Brieflein von Dir erfreut wurde“. So will ich mich denn zufrieden geben und meine Seele in Geduld fassen und warten und harren, bis die Morgendämmerung, die bereits angebrochen, dem lichten Herrschen der Sonne weichen muss. Ja, ich will warten bis der duftende Kelch des Rösleins, das ich gepflückt, sich öffne und mir seine berauschenden Düfte entgegen reicht, an denen mein Herz sich laben und erquicken wird.“

Er erlebt auch Schönes. Jeweils am Sonntag kommen nach dem Gottesdienst Männer und Frauen zu ihm aufs Zimmer und nach einigem Hin und Her erklären sie:

> „‘Wir haben gehört, die neue weisse Frau hat Dir ihr Bild geschickt und wir sind darum gekommen, dich zu bitten, es uns zu zeigen!‘ Worauf ich sie dann an meinen runden Tisch wies, auf dem gewöhnlich dein l. Bild steht, im Schatten eines Rosenstrausses. Haben sie es dann recht lange genug und von allen Seiten betrachtet, dann halten sie nach Landessitte die geballte Faust vor den Mund und brechen in einen Ausruf der Verwunderung aus: ‚*O e̲ye̲ fe̲ !*‘ d.h. sie ist schön! Sie ist wirklich schön. Bevor sie dann gehen, fragen sie immer: ‚*Oburoni,* wann wird denn deine Frau kommen?‘ ‚In 4-5 Monaten!‘ – ‚Das ist aber noch eine lange Zeit, da musst Du noch lange warten… wirst Du an die Küste gehen, um sie zu holen?‘ ‚Natürlich gehe ich zur Küste und hole sie, da sie ja allein den Weg nach Akem nicht finden würde.‘ ‚Das ist recht, wenn Du sie holst. Aber, Oburoni, nur noch eins: wie alt ist deine Frau?‘ – ‚Ach, wie machst Du Dir Sorgen. Wenn ich es Dir auch sage, so verstehst Du es doch nicht, Du weißt ja nicht, was ein Jahr ist.‘ ‚Meister ich weiss, was ein Jahr ist.‘ – ‚Nun gut, sie ist 21 Jahre alt, also etwas jünger als Du.‘ Das ist gewöhnlich meine Antwort und dann verlassen sie mein Zimmer.“

Lydia müsse sich dann darauf gefasst machen, schreibt er, dass, wenn sie dereinst nach Kyebi komme, die Träger, die sie in der Hängematte von der Küste hergetragen hätten, alles über sie weitersagen: ob sie leicht oder schwer sei, ob sie ruhig gelegen oder herumgeborzt habe, ob sie gütig gewesen sei und vieles mehr. Dann bereitet er sie vor auf die Zustände, die sie in Kyebi antreffen wird. Er erzählt von seinem jungen Koch, dem Hausknaben und Mädchen, die mehr fürs Putzen und dergleichen da sind, und erzählt auch über seinen Tagesablauf. Mit dem wird sie sich ja dann auch auseinandersetzen müssen:

> „Morgens, wenn ich aufstehe, was nie vor Tagesgrauen geschieht, hat mein Koch schon eine Tasse guten Kaffee bereit, der zu einer Pfeife Tabak oder einer Zigarre getrunken wird (am Ende muss ich, wenn Du kommst, das Rauchen aufgeben). Um 9 h kommt das Frühstück, eine Speise, die Du nicht kennst, auch wenn ich sie beschreiben würde. Mittags 1 Uhr hab ich mein Vesper und abends 5 Uhr gewöhnlich Fufu und als Nachschlag Pfannkuchen oder sonst etwas etc.
>
> Da ich das in der Küche Stehen mehr als satt habe und mein Koch noch wenig versteht, so habe ich eben Tag für Tag immer dasselbe. Die Zubereitung europäischer Speisen verstehe ich nicht, darum lebe ich fast ausschliesslich von Landeskost. Ich hoffe, wenn Du kommst wird es in diesem Stück besser werden. Und eine grosse Bürde wird von meinen Schultern genommen sein, wenn ich die Kocherei los habe. Gewaschen wird mir von einer meiner Katechistenfrauen, natürlich aber alles mit kaltem Wasser…“

Er steht dazu, dass er auch eine Frau gesucht habe, um von dieser Bürde entlastet zu werden. Aber natürlich nicht nur deshalb, dafür könne man ja auch eine Magd einstellen.[63] Der eigentliche und wirkliche Grund ist ein anderer:

> „In jeder Jünglingsbrust ist ein durch Gott, unsern Schöpfer, selbst geschaffenes Sehnen und Verlangen nach einem zweiten Ich, nach einer Persönlichkeit, einer Seele, die ihm verwandt, ihn ergänzt, die er lieben darf wie sich selbst, und von der er sich geliebt weiss. Hat er diese Seele gefunden, so hat er das höchste und grösste, was er auf Erden begehrt und gesucht, erreicht, so ist er glücklich, glücklicher ja: alle Schätze der Erde sind nicht im Stande, ihm diesen Schatz, dieses Glück aufzuwägen, weil es, vom Standpunkt des Christen aus, kein irdischer Schatz, kein irdisches Glück ist, sondern etwas Himmlisches, eine Gottesgabe. Also, in Dir, l. Lydia, hat mir der Herr das Köstlichste, was ich auf dieser Erde gesucht, geschenkt, und darum ist mein Herz glücklich und zufrieden und freut sich deiner.“

[63] Eine auffallende Bemerkung! Denn eigentlich gilt, dass junge Missionare keine weiblichen Hausangestellten haben sollten und jedenfalls nie mit einer Weibsperson allein im gleichen Zimmer (und bei geschlossener Türe!) verweilen dürften.

Wie endlich, am 6. Juli, ein „erstes Brieflein“ eintrifft, da liegt er allerdings wieder krank auf seinem Sofa, vergisst jedoch über der Freude sein Fieber und muss das dafür nachher büssen.

Wer bin ich – wer bist du ?

In ihrem Brief scheint Lydia, wie es sich für ein wohl erzogenes Mädchen damals gebührte, besorgt gefragt haben, ob sie dem Missionar Huppenbauer wohl das zu bieten vermöge, was er braucht. Er ist ja in Missionskreisen kein Unbekannter mehr. Verschiedentlich sind Berichte von ihm auch im Heidenboten erschienen. Besonders die Reise nach Kumase hat viel Aufmerksamkeit auf ihn und Karl Buck gezogen. Aber solche Fragen gefallen dem Missionar gar nicht.

> „Liebe Lydia, Du hältst so gar wenig von dir, meinst, du kannst mir nichts bieten. Das was Du mir bietest: ein Herz, das mich innig liebt, das genügt hinlänglich, um mich ebenso glücklich zu machen, als Du bist, wenn nicht glücklicher. Daneben aber weiss ich gar wohl, dass Du mir in mancher Beziehung was zu bieten im Stande bist. Eines aber muss ich Dich bitten: Erwarte nicht zu viel von mir, Du könntest Dich gar sehr täuschen. Was allein ich Dir zusichern kann, und was zwar sicherlich Du von mir erwarten darfst: Ein Herz voll lauterster inniger Liebe zu Dir.
> Meine Stellung bringt es mit sich, dass ich in letzter Zeit vielleicht etwas mehr als andere jüngere Missionare an die Öffentlichkeit gezogen worden bin und von mir reden gemacht habe. Aber bitte, sei nicht töricht, mache Dir das doch nicht zum Massstab Deiner Beurteilung für mich, sonst bist du sicher betrogen. Ich scheine mehr, als ich in Wirklichkeit bin. Es tut mir leid, kann es aber nicht ändern.“[64]

Auch diesmal gibt es einige konkrete Ratschläge: Sie möge doch Musiknoten mitbringen. Es wäre doch schön, wenn sie abends miteinander singen und spielen könnten, da würde die jetzige Einsamkeit weichen und allfälliger Missmut seinerseits besänftigt werden. Und falls sie frage, weshalb er verstimmt sei – sie hätten in Kyebi oft Probleme, weil sie in der Arbeit andere Wege gingen als die älteren Kollegen und deshalb viel kämpfen müssten.

Wie sie auch im nächsten Brief Lydias, geschrieben noch bevor sie denjenigen Davids vom 11. Mai erhalten hatte, ihrer Sorge um ihre Unzulänglichkeit Ausdruck gibt, schreibt ihr David am 24. Juli[65]

---

[64] D-10,14, vom 11. Juli 1881.

[65] S-10,14, S. 200f. 3 Monate dauerte brauchte es von der Abfassung des ersten Briefes bis zum Ein-

„Meine teuerste und vielgeliebte Lydia
Habe recht herzlichen Dank für die grosse Freude, die Du mir letzten Mittwoch bereitet. Ich war eben von einem kleinen Predigtausflug heimgekehrt, als die Post mir deinen Brief brachte. Hatte mich schon an jenem ganzen Tag die Predigtarbeit glücklich und fröhlich gestimmt, so wurde diese Stimmung nun noch erhöht, als ich dein Brieflein las. Du hast wohl getan, dass Du nicht erst meinen Brief abgewartet (hast).
Aber nicht wahr betrüb mich nicht mehr dadurch, dass Du schreibst, Du seiest meiner nicht wert. Fast muss ich fürchten, Du haltest viel, viel zu viel von mir und werdest hernach, wenn Du einmal hier bist und mit mir zusammenzuleben hast, desto bitterer enttäuscht sein ... Ich wiederhole: Erwarte nicht mehr als ein Herz, das dich innig und aufrichtig liebt. Du hast die stille Hoffnung, dich als schwaches Pflänzchen an mich anlehnen und auf mich stützen zu dürfen. Gewiss, recht gerne, nur musst Du mir zu Zeiten und unter Umständen dasselbe gestatten."

In der Zwischenzeit geht es in Kyebi voran, nicht nur in der Missionsarbeit. Auch das Haus ist bald bereit. Für den Einzug der jungen Frau haben sie das Missionarshaus zuerst abgedeckt und ein zweites Stockwerk aufgebaut, dem nun bald das Dach aufgesetzt werden kann. Das wird die Station um einiges gesünder machen.

Missionshaus Kyebi um 1890

treffen der Antwort.

Die Freude über einen weiteren Brief vom 6. Juli ist gross. Am 9. August schreibt er:

> „Meine innig geliebte Lydia
> Hoch oben auf dem Gebälk unseres neuen Hauses habe ich deinen 1. Brief gelesen, und die schwarzen Maurer und Zimmerleute konnten es eben gar nicht verstehen, dass ihr Weisser so gar sehr in einige Seiten Papier vertieft (war) und es ganz schien, als habe er weder Augen noch Ohren für seine Umgebung. In der Tat, die schwarzen Burschen hatten nicht ganz Unrecht, wenn sie so sagten."

Denn im Geist hatte er Lydia und andere ans Missionsfest begleitet, obwohl, wie sich herausstellt, sie wohl gar nicht hatte hingehen können. Er fährt fort:

> „Wenn es wahr ist, was ich heute erfahren, dass Du am 1. Oktober abreisest, so wären das die letzten Zeilen, die ich Dir schreiben kann. Denn übermorgen gehe ich auf eine kleine Rundreise nach den Aussenstationen, die etwa 14 Tage in Anspruch nehmen wird, während welcher Zeit ich zwar Briefe empfangen, aber keine abschicken kann.
> Es ist meine herzliche Bitte zum Herrn, dass er Dir den Abschied leicht machen möchte und Dir Kräfte des Leibes und des Geistes verleihe, die dich fähig machen, all das Schwere, das ein Abschied nach Afrika mit sich bringt, zu tragen … Ich habe fast den Eindruck, als habest Du mit deinem Eintritt in die Mission zugleich etwas von der Passion der Mission zu kosten bekommen: Lass dich diese Schule nicht reuen, Du wirst es noch erfahren, wie gut es ist hier zu Lande, wenn man daheim schon leiden gelernt hat.
>
> Liebes Herz, bring einen guten, frohen, frischen Mut, lass Dir nie bange werden, weder daheim beim Abschied, noch auf dem Meer, noch wenn Du Deinen Fuss auf afrikanischen Boden stellst. Halt es unumstösslich fest, dass der Herr, der Allmächtige, bei Dir und mit Dir ist.
> O, wie werde ich glücklich sein, wenn ich dich, geliebte Lydia, in meine Arme schliessen und an mein Herz drücken darf und wie wirst Du enttäuscht sein, wenn Du statt eines aussergewöhnlichen Missionars, den Du scheint's erwartest, in mir einen ganz gewöhnlichen finden wirst. Doch wo zwei einander lieben, wie wir, hat es keine Not. Da kann schliesslich auch eine Enttäuschung, wie sie deiner wartet, wenn Du Dich nicht bekehrst, ehe Du zu mir kommst, verschmerzt werden. Nun, es wird alles recht werden, es ist ja ganz biblisch, wenn eines das andere höher achtet als sich selbst."

In der Zwischenzeit ist auch Lydia nicht untätig. Sie ordnet die Angelegenheit mit dem Zivilstandsbeamten, muss ihm gründlich auseinandersetzen, wie schwierig es ist, in dieser Situation ein schriftliches Eheversprechen, wie es für die Ausschreibung nötig wäre, termingerecht zu erhalten und übergibt die entsprechende Urkunde der Missionsleitung. Diese wiederum bestätigt die Ausrichtung von Fr. 165 an Fräulein Lydia Plüss für ihre Ausrüstung. Über die Zeit des Abschieds von Zuhause erfahren wir nur wenig aus dem, was David an seine Familie und Eltern Plüss zurückschreibt. Diese wie die Geschwister Lydias sind noch vor ihrer Abreise mit dem neuen Sohn resp. Schwager in Briefkontakt getreten.

Sehnsüchtig den Tag erwartend

Die letzten Monate sind besonders hart. Zwar erfährt David, dass Lydia nun am 1. Oktober von Europa abreisen werde, und anfangs September trifft auch – endlich – ein Brief des Vaters ein. Auch den las er oben auf dem Gebälk des nunmehr zweistöckigen Hauses. Die befürchtete Verstimmung des Vaters hat sich verflogen und der Vater reagierte ganz anders, als befürchtet: Er wolle das, was er für David ausgelegt hatte, auf sich nehmen.

David aber hatte sich dermassen in seine Arbeit gestürzt, dass es ihm nun immer wieder zu viel wird. Neben der Betreuung der Aussengemeinden war der Bau des Hauses. Er musste dem Baubruder zur Hand gehen. Starker Regen zwingt sie zu Mehrarbeit: Im untern Stock müssen sie die Böden aufbrechen, um Wasser wegzuschöpfen.

Und wie David sich Mitte August mit Br. Munz zusammen auf die Reise begeben, wird der „Baubruder“ Buss schwerkrank. Mit dieser Art Krankheit („Gallenfieber“, richtiger „Schwarzwasserfieber“) weiss niemand umzugehen. Tag und Nacht wacht David am Bett des Kranken. Der wünscht nach Begoro zu seiner Frau gebracht zu werden. Burkardt und Munz begleiten ihn dorthin. Huppenbauer ist inzwischen so erschöpft ist, dass er den Fussmarsch nach Begoro nicht unter die Füsse nehmen kann. Kurz vor Erreichen Begoros stirbt Buss. Ein schwerer Schlag für das Team von Kyebi: Schon der fünfte Todesfall in diesem Jahr. Und für David besonders schwer im Blick auf seine Braut, die diese Nachricht ja auch erfahren wird.

Nun ist auch er krank und wesentlich ernster als er zuzugeben bereit war. Dem Vater berichtet er von Fieber bis zu 41° und „Wasser wie Tinte“[66]. Jedoch, Mitte November kann er seine Braut in Accra in Empfang nehmen und durch die Bran-

[66] D.h. ein ernsthaftes Schwarzwasserfieber, das in jenen Jahren die häufigste Todesursache unter den Missionaren war.

dung auf afrikanischen Boden geleiten. Eine Woche später, am 21. November findet die Trauung in Akropong statt. Unmittelbar danach begeben sie sich nach Kyebi.

Im August des folgenden Jahres, 1882, allerdings wird für David ein Heimaturlaub nötig. Seine mehrfachen „Gallenfieber“ wollen nicht ausheilen. So reisen sie im August nach Europa zurück. Dort bringt Lydia im Dezember einen Sohn zur Welt, der kurz darauf stirbt. Dadurch zieht sich der Urlaub in die Länge. Wie sie im Spätjahr 1883 wieder nach Kyebi kommen, ist auch der Freund (und inzwischen Schwager) Karl Buck tot. Für sie selber wird dieser zweite Aufenthalt bald beendet: Nach der Geburt des Sohnes Carl am 5. April 1884 erkrankt Lydia schwer. Das rechte Bein muss amputiert und die definitive Heimkehr ins Auge gefasst werden. Sehr bedrückt schreibt David am 2. Juni nach Hause:

> „Am 15. Januar (1884) kamen wir nach Accra und reisten danach auf die Berge nach Akropong, wo ich meine Frau ihrer Umstände wegen lassen musste, während ich so nach Akem eilte, und dort mit neuem Mut meine Arbeit wieder aufnahm ... Im März reiste ich wieder nach Akropong, um meine lb. Frau nach erfolgter Niederkunft nach Akem zu bringen. Die Geburt – alles verlief ganz gut. Schon wurden die Vorbereitungen zur Reise ins Innere getroffen, da plötzlich nahm die Sache eine andere Wendung. Es stellte sich heftiges Fieber mit Bangigkeit auf dem Herzen und furchtbaren Delirien ein. Das Fieber steigerte sich von Tag zu Tag. Auch dem Herrn Dr. Mähly, der zur Hilfe herbeigeeilt, gelang es nicht, das Fieber zu brechen. Inbrünstig schrien und flehten wir zum Herrn um Hilfe und Rettung, aber scheinbar vergebens. Mehrmals glaubten wir ihr Ende nahe. Einmal hatte Herr Dr. Mähly schon alles zur Section vorbereitet. Allein der Wille des Herrn war ein anderer. ... Die Krankheit hob sich zwar nicht, sondern trat nur in eine anderes, viel schmerzhafteres Stadium ein, in Folge dessen eine Amputation des rechten Beines notwendig wurde.“

In einem Privatbrief schrieb Lydia ihren Eltern, „sie könne gar nicht sagen wie viele Hilfe sie von schwarzen Christen erhalten, speziell vom Diakonen Date und dem Evangelisten Boakye“. Der Abschied ist jedoch unabwendbar. Im Spätherbst 1884 treffen sie in Europa ein.

*

KARL BUCK

Karl Buck, geboren am 18. September 1851 in Beuren (Wttbg), vermutlich auch als Sohn eines Weingärtners, ist einer der wenigen, der wie David Huppenbauer – nur ganz anders als dieser – Einblick in seine Überlegungen zur Frage der Verheiratung gibt. Es gibt keinen Briefwechsel zwischen ihm und einer Braut, dafür umso mehr Briefe an den Inspektor, in denen er sich immer wieder mit der Frage, ‚Heiraten oder Ledigbleiben' auseinandersetzt

Sein Werdegang

Schon früh verliert er die Mutter, die ihm auf dem Sterbebett sagt, er werde einmal Missionar werden. Das prägte ihn, wie er später schreibt. Er ist ein guter Schüler, möchte gerne mehr lernen, muss auf Wunsch des Vaters auf dem bäuerlichen Anwesen bleiben, kann dann eine Stelle in einer kaufmännischen Verwaltung antreten. Er distanziert sich vom Vater, will als Matrose in die Welt ausziehen, muss unverrichteter Dinge heimkehren. Nach solchen Umwegefindet er zurück und meldet sich 1873 in die Mission, überragt dort seine Klassengenossen nicht nur an Grösse, sondern auch im Lernen. Nach nur drei Jahren wird er auf die Goldküste ausgesendet, als Verwalter nach Christiansburg. Das wiederstrebt ihm zuerst. Er wäre gerne ein „richtiger Missionar" geworden. Er schickt sich drein und wird nach 1½ Jahren für die Arbeit in Akem mit Sitz in der Hauptstadt Kyebi bestimmt und dafür im Januar 1878 in Aburi zum Missionar ordiniert. Kyebi, im tiefen Urwald Akems gelegen, galt als äusserst ungesunde, für Europäer kaum geeignete Station. Dort drohte den Christen durch König Amoako Atta vielerlei Unbill, weil er sich an ihnen für die von der englischen Regierung proklamierte Sklavenemanzipation rächen wollte. Um die kleine Christengemeinde in Kyebi nicht der Willkür des Königs preiszugeben, sollte die Station wieder durch einen europäischen Missionar besetzt werden. Den fand man in dem jungen tatkräftigen Karl Buck.

Karl Buck gilt als der grosse Förderer der Mission in Akem. Nachdem König Atta durch die Engländer für einige Zeit interniert worden war, blühten die Gemeinden auch in Aussenstationen auf. Bald war Verstärkung durch einen weiteren Missionar nötig. Die wurde ihm denn auch in seinem Freund David Huppenbauer 1879 gegeben.

Verheiratet oder ledig?

Am 18. Oktober 1877 dankt Buck dem Komitee für die Versetzung in die neue Aufgabe. Gleichzeitig aber bittet er um Heiratserlaubnis. Er ist sich bewusst, dass er mit seiner Anfrage zu früh ist, aber bis alles einfädelt sei, gehe es eh noch einige Monate. Seine Begründung ist sehr geschäftlicher Natur: Man rate ihm, nicht nur Landesspeise zu essen; dann brauche er fürs Kochen viel Zeit, die für Wichtigeres verwendet werden könnte; und schliesslich könnte es ihm in Kyebi, nach der geselligen Zeit in Accra/Osu doch recht einsam werden.

Mit gleicher Post geht ein Brief an den Inspektor persönlich ab: Ihm macht er konkrete Vorschläge. Er nennt eine Magdalena Schwenk – es sei wichtig, eine Frau mit Bildung zu haben; dann: Augusta Zimmermann[67] aus Aburi, sie hätte den Vorteil völlig akklimatisiert zu sein und spreche zudem Deutsch, Englisch, Twi und Ga; und schliesslich die jüngste Tochter eines Pfr. Layers. Allem Anschein nach würde Buck die zweite, Augusta Z., am meisten zusagen, denn er sendet wenig später zur ihr einen Nachtrag. Falls es bei ihr wegen der Anstalt in Aburi, wo sie arbeitet, Schwierigkeiten gäbe, wäre er bereit, mit der Heirat zu warten, bis in Aburi Ersatz gefunden oder der dortige Bruder auch verheiratet sei.

Die Werbung läuft

Inspektor Josenhans setzt sich mit Bucks Vater in Verbindung, zunächst einfach in Bezug auf die an erster Stelle genannte Magdalena Schwenk. Der findet, sie habe nicht mehr Bildung als jedes andere Mädchen, zudem habe er dort keinen besonderen Eifer für das Reich Gottes erkennen können. Vom Komitee wird dieser Vorschlag auch abgelehnt. Wie Vater Buck diese Nachricht hört, schreibt er am 22. Jan. 1878 zurück:

> „Geehrter Herr Inspektor
> Ihren Brief vom 18. d. Mt. habe ich erhalten u daraus den abweisenden Beschluss der werthen Kommittee in der Heiratssache meines Sohnes mit Magdalena Schwenk in Leipheim vernommen, wozu ich ganz einverstanden bin. In der 2. Frage, was jetzt thun, mit dem Vorschlag meines Sohnes mit der Auguste Zimmermann, so ist die Ansicht der Kommittee ganz aus meinem Sinn u Herzen, gegen die Person könnte ich auch gar nichts haben, da ich früher schon gute Zeugnisse von ihr gehört, ich kenne sie auch persönlich; aber wenn man auf

[67] Eine jüngere Tochter des Johannes Zimmermann und der Catherine Mulgrave, von der das Missionarsehepaar Dieterle sagt, „sie ist die Krone unseres Haushalts“

> weiter hinaus sehen u denken will, kämen einem manche Schwierigkeiten entgegen, die Erfahrung hat es beim Vater bestätigt."

Dazu urteilt das Komitee am 16.Jan. 1878: Man habe von ihr zwar nur gute Zeugnisse,

> „allein die Gefahren und Schwierigkeiten, die aus einer Verbindung mit einer Schwarzen erwachsen, sind durch die Fälle Zimmermann und Rottmann aufs Neue klar geworden, u. so konnte die K. diese Verbindung für kein Glück halten."

Das solle dem Missionar Buck so gemeldet werden, und er möge sich die Sache nochmals überlegen. Die Tochter des Pfr. Layer komme auch nicht in Frage, hatte Vater Buck schon gemeldet, weil sie früher einem Missionar versprochen gewesen sei, der aber kurz vor der Ausreise starb.[68] Er persönlich würde Doris Huppenbauer, die älteste Schwester der Huppenbauer Brüder David und Wilhelm, vorziehen. Am 22. März 1878 erhält Buck den Bescheid, dass keine der drei in Frage komme. Er bedauert, dass auch Augusta Zimmermann, nur wegen ihrer Eltern, abgelehnt werde und bittet um nochmalige Erwägung. Vor allem aber bittet er, seinen Vater aus dem Spiel zu lassen: Über ihn habe die ganze Missionarschaft auf der Goldküste von seiner Anfrage einschliesslich der Namen erfahren. Im Übrigen hätte er die Doris H. an erste und einzige Stelle gesetzt, wenn er nicht wüsste, dass sie ihre Stellung als Diakonisse nicht aufgeben will. Da stösst den Vorstehern im Komitee Bucks Ton sauer auf. Er wolle ihnen, alten Männern mit Erfahrung, Weisung geben, so etwas gehe nicht. Wieder greift Buck zur Feder (3. August 1878) und entschuldigt sich. Im Übrigen hat er inzwischen „das Heiraten satt, man kann sich auch ans Alleinsein gewöhnen".[69] Und dabei bleibt es vorderhand.

Vorurteil gegen ledige?

1979. Wieder ist ein Jahr vergangen. Ein Kollege ist gestorben. Gemeindeglieder bemängeln das Fehlen einer Frau, auch die Presbyter. Aber nicht nur das. Eigentlich ist ihm wohl als lediger Missionar; aber er beklagt sich bitter, wenn doch „in unserer Mission nicht die lästigen Vorurteile gegen die Unverheirateten wären ..." So bittet er im November 1879, für den Fall, dass kein verheiratetes Paar nach Kyebi bestimmt wird, um Erlaubnis, bei Frau Glatzle, einer Missionarswitwe im Land, anzufragen. Es scheint aber, dass diese abgewinkt hat, denn von ihr ist nicht mehr die Rede.

[68] Darin hatte sich Vater Buck allerdings geirrt: die von seinem Sohn vorgeschlagene, wäre deren jüngste Schwester gewesen.

[69] Später sagt er einmal, er habe so viele Körbe eingefangen, dass er sich nicht mehr zu fragen wage.

In Basel ist inzwischen ein neuer Inspektor im Amt, Pfr. Schott. Mit ihm kommt auch ein frischer Wind in die Korrespondenz. Er macht dem heiratsmüden Missionar Mut. Am 16. April dankt ihm Buck für seine Antwort: Er sei nun vom Skrupel befreit, ein unverheirateter Missionar zu sein. Er wäre, so verrät er ihm, bereit gewesen, „eine Verstandes Verbindung einzugehen, weil ich vor allem ein guter Missionar sein möchte“. So bleibt er unverheiratet. Nach Kyebi kommt nicht ein verheiratetes Ehepaar, sondern sein Freund David Huppenbauer. Weil sich die beiden gut verstehen, ist damit auch das eine oder andere Problem gelöst.

Im Urlaub

Das schlechte Klima, das viele Reisen in nassen Kleidern durch Sumpf und Urwald, die unermüdliche Arbeit und vielerlei Mühsal zehren schliesslich an seiner Gesundheit, dass er dringend eines Urlaubs in der Heimat bedarf. Zu einem Skelett abgemagert, heisst es, sei er 1881 in Deutschland angekommen. Er hofft zwar, bald wieder ausreisen zu können; aber sein Gesundheitszustand lässt das so schnell nicht zu. Die Diagnose ist verheerend, eine Wiederausreise scheint zuerst fast unmöglich zu sein. Entsprechend lang ist auch seine Rekonvaleszenz.

Im Herbst des Jahres meldet er sich wieder beim Inspektor, berichtet über die Fortschritte in der Genesung, dass er aber noch weitere Kuren brauche bis zur vollständigen Heilung. Er habe aber nun viel Musse, auch über sich selber nachzudenken. Und so schreibt er am 10. Okt. 1881 aus Beuren b/Neuffen:

> „Geehrter Herr Inspektor
> Während meines Aufenthalts in Kyebi hat es mich oft betrübt, dass ich ein volles Drittel meiner Zeit tagtäglich auf Küche und andere häusliche Dinge verwenden musste, anderes, das viel wichtiger war, musste dann ungethan liegen bleiben. Ich habe mir damals schon vorgenommen, nicht mehr allein Hinauszugehen, umso mehr als die Neger ein Vorurtheil gegen Unverheiratete haben. Allerdings gestehe ich, dass es mir schwer wurde zu diesem Entschluss zu kommen, weil eben doch ein gut Theil der Freizeit zum Opfer gebracht werden muss. Andererseits aber fürchte ich hier mehr als im Drange der Arbeit in Afrika die Einsamkeit u ich möchte auch jemand haben, der Freude u Leid mit mir theilt.
> Da ich nun wahrscheinlich wieder ins Innere des Landes kommen werde, so habe ich mein Augenmerk hauptsächlich darauf gerichtet, eine Person zu finden, die dorthin passt. Ich habe eine grosse Freude an gelehrten Frauen; diesen Punkt musste ich aufgeben. Ich glaube in Fräul. Lydia Huppenbauer, Schwester meiner Freunde, der beiden Brüder Huppenbauer, die richtige Person gefunden

> zu haben, jedenfalls passt sie für mich. Die Gründe, die mich zu diesem Entschlusse führten, sind folgende: 1. Nicht nur Eltern u Geschwister, sondern die ganze Familie ist gläubig u der Mission zugethan; 2. Sie selbst hängt mit ungetheiltem Interesse an der Mission; 3. Ich bin mit der Familie seit einem Jahrzehnt freundschaftlich verbunden u kenne deshalb alle gut u sie mich ebenfalls; 4. Lydia Huppenbauer kennt die Missionsarbeit, besonders die in Akem ganz genau, wird also nicht mit Illusionen hinausgehen; 5. sie hat sehr viel von Krankenpflege gelernt, wie mir von verschiedenen versichert wurde, sehr aufopfernd. Nicht verschweigen will ich aber, dass sie einen für eine Frau allzu männlichen Charakter hat. – Meine Eltern haben zu dieser Wahl ihre freudige Zustimmung gegeben, die beiden Väter namentl. sind längst mit einander innig verbunden."

Er bitte nun, diesen Vorschlag wohlwollend zu prüfen und ihm die Erlaubnis zu geben, die junge Frau anzufragen. Er wisse zwar, dass sie schon einmal einen ähnlichen Antrag bekommen, diesen aber abgelehnt habe. Das habe ihn zuerst stutzig gemacht; aber er habe erfahren:

> „... dass Differenzen jenes Bruders mit der Familie und ihr selbst die Ursache waren, u dass man sich sehr wünschte, dass von dieser Seite her eine Anfrage kommen könnte. Die „vox populi", die bisher schon, als ich noch in Afrika war, sich mit diesem Gegenstand beschäftigte, erklärte die Sache allerdings anders u behauptete, ich sei die Ursache."

Er habe aber damit gar nichts zu tun. Der Gedanke an sie sei wirklich erst hier im Urlaub gekommen. Mit dem Heiraten selber pressiere es nicht; aber

> „Die Gründe, die mich bestimmen, jetzt gleich mich zu verlieben, sind einmal, Lydia Huppenbauer Zeit zu geben, um sich noch allerlei anzueignen, z.B. Englisch zu lernen, einen Spitalkurs mitzumachen etc, dann aber hauptsächlich, um allerlei Zudringlichkeiten ein Ende zu machen. Dass ich wieder nach Afrika ausreisen darf weiss ich gewiss. Wenn sie Ja sagt u es möglich ist, möchte ich gerne die Verlobung an ihrem 23. Geburtstag, den 21. Okt. feiern."

Das Einverständnis kommt und zehn Tage später, am 21. Oktober, ist das Ja-Wort gegeben. Auch Vater Bartholomäus H. sei einverstanden, obwohl es schmerze, seine jüngste Tochter, und das vierte Kind in den Dienst des Reiches Gottes wegzugeben. „Wir feiern gerade Verlobung" – schreibt er nach Basel.

Die Hochzeit feiern sie am 20. Juli 1882 in Schorndorf, reisen bald darauf zusammen mit Wilhelm, dem Bruder der Braut und Davids, und weiteren Missionaren nach Afrika aus. Sie erreichen im November die Goldküste und können am 22. November in der Station Kyebi, in das von David Huppenbauer für seine Verheiratung erweiterte Haus, einziehen. David und seine Lydia sind nun ihrerseits, auch aus gesundheitlichen Gründen, im Heimaturlaub.

Kurzes Glück

Aber ihr Glück währt nur ganz kurz. Nach zwei Monaten wird Lydia Buck-Huppenbauer im Januar krank. Noch auf dem Weg nach Koforudia, wo sie den Arzt. Dr. Mähly zu erreichen hofften, stirbt sie am 1. Februar 1883 in einem einsamen kaum bekannten Dorf *Yoyoko*. Karl Buck, der Missionar, der vorher jeder Schwierigkeit trotzte, keine Unbill scheute, x-mal Fieberanfälle überstand, ist am Boden zerstört. Am 3. Februar, nach der Beerdigung seiner Frau, setzt er sich hin und versucht seiner Familie das zu schreiben, was er nicht versteht und nicht begreifen kann:

> „Die letzten Tage waren für mich die schwersten, die ich bis jetzt erlebte. Vor wenigen Stunden wurde meine Lydia beerdigt, die überaus schnell gestorben ist. Es ist mir fast wie ein Traum & doch ist es geschehen. Ich kann heute darüber weder etwas sagen noch denken."

Er will ihnen wenigstens berichten, wie es gewesen ist: Lydia habe die ersten beiden Monate ausser ein paar Rückenschmerzen gut überstanden, bis sie im Januar plötzlich auch Fieber bekam und die Rückenschmerzen häufiger und fester wurden. Dann habe es auch merkwürdige Lähmungserscheinungen, offenbar durch Rückenmarksnerven verursacht, gegeben und Momente der Bewusstlosigkeit, wo sie nicht einmal mehr seinen Namen wusste, obwohl sie sagte, sie kenne ihn. In der Hoffnung, dort ausser dem auf Besuch kommenden Inspektor Prätorius auch den mit ihm reisenden Arzt Dr. Mähly zu treffen, machten sie sich mit Br. Wilhelm Huppenbauer zusammen auf den Weg nach Koforidua, erfahren unterwegs, dass der Arzt in Akropong bleiben musste. Inspektor Prätorius erreicht sie am Abend des 31. Januar zusammen mit Br. Eisenschmid, zwei Stunden bevor Frau Buck nach neuen Anfällen von Atemnot und Fieber, jedoch immer noch bewusstlos, starb. Dazu Karl Buck in seinem Brief:

„Endlich wurde (das Atmen) schwächer & schwächer & ganz allmählich hörte es auf, um 6 Uhr lag die blühende, lebensfrohe Lydia als Leiche vor mir. – Herr Insp. war tief erschüttert, wie es mir war & ist, wird mir wohl nie ganz klar werden, ich bin förmlich betäubt. Die Leiche wurde die 10 Stunden zurückgetragen & heute Vormittag durch Herr Inspektor beerdigt. – Das ist also das Ende von allen Hoffnungen & ich muss mich immer wieder fragen, wo blieben die Gebete & wo der Glaube so vieler? Ist denn eigentlich unser Glaube eitel?

In tiefer Betrübnis grüsst Euch Euer K. Buck."

*

DIE TRAUER DES MISSIONARS

- UM SEINE FRÜH VERSTORBENE FRAU

Karl Buck kann diesen Verlust nicht verkraften. Er wird selber krank und vor allem in seinem Glauben irre. Gottes Hand liegt schwer auf ihm. Er kann und mag es nicht fassen, warum Gott so mit ihm umgeht. Was in Karl Buck während dieser Zeit vorging, und wie es ihm selber dabei erging, wissen wir vor allem aus einem ausführlichen Bericht, den Wilhelm Huppenbauer im Oktober 1883 an das Komitee in Basel schickte.

Im persönlichen Kopierbuch W. Huppenbauers findet sich davon nur die erste Seite. Der Rest ist herausgeschnitten. Da die Kopierbücher der Brüder D. und W. Huppenbauers und Karl Bucks 1934 dem Basler Archiv übergeben worden sind, so muss man annehmen, dass die fehlenden Seiten durch David H., in dessen Besitz die Bücher nach dem Tod seines Bruders waren, herausgeschnitten wurden. Fürchtete man ein negatives Urteil über den verstorbenen Missionar? Der Originalbericht ist jedoch, zum Glück, im Pers. Faszikel K. Buck (BV 933) erhalten. Bei den darin enthaltenen Zitaten handelt es sich wohl um Briefe und Tagebuchnotizen, die W. Huppenbauer vorgefunden, oder die Buck ihm übergeben hatte.

W. Huppenbauer berichtet am 5. Oktober 1883 von Akropong aus[70]:

„Geehrte Komitee
Sie haben durch Br. Rottmann die Trauerbotschaft vom Heimgang unseres Br. K. Buck, meines lb. Schwagers erhalten. Der Lebenslauf des Verstorbenen ist ihnen ja bekannt, sowie die Zeit, Ort und Weise seiner Wirksamkeit in Akem, worüber viel zu sagen wäre, was mir aber nicht zusteht. Was ich weiss, ist, dass

[70] Zitate, die W.H. aus Texten Bucks anführt sind im Folgenden *„kursiv" gesetzt.*

er seine Zeit, Kraft und Leben jederzeit, ohne Rückhalt, für die Missionierung Akems eingesetzt hat. Weniger bekannt sind die Kämpfe und Glaubensproben, durch welche er, namentlich seit dem 2. Februar, dem Todestag meiner geliebten Schwester Lydia, zu gehen hatte. Hierüber, sowie über sein 10-tägiges schweres Gallenfieber möchte ich heute Ihnen etwas mitteilen. (Ihr Tod) war für uns ein harter Schlag, am härtesten für Br. Buck. Am 22. Februar, nach der Rückkehr von Begoro, wohin er den fieberkranken Herrn Inspektor begleitete, schreibt er darüber:

„Wie soll ich nun wieder anfangen? Als wir am 30. Januar vor der Abreise die Losung lasen, schlugen die Worte des Lehrverses ‚Selig sind die Toten, die in dem Herrn sterben' eigentümlich in mich hinein. Ich erschrak, doch dachte ich ebenso an Br. Huppenbauer als an mich. Als wir das Haus verliessen, sagte ich, noch immer unter dem Eindruck jener Worte stehend, zu ihr: ' Ach wenn wir nur auch wieder zusammen einziehen dürfen'. Da antwortete sie ganz zuversichtlich: ‚Gewiss werden wir wieder zurückkehren. Ich glaube nicht, dass unser Wirken so kurz sein soll.' – Sie ist zurückgekehrt – als Leiche. Ach Gott, wie soll ich das schreiben, es ist zu schwer. – Ohne Bewusstsein, ohne vorher eine Ahnung gehabt zu haben, ohne Abschiedswort, ohne Blick des Abschieds gegeben zu haben, ging sie aus diesem Leben. Was ich dachte, wer kann das in Worte fassen? Beim Begräbnis sprach Herr Inspektor über die Worte: 'Was ich tue, weisst du jetzt nicht, du wirst es aber hernach erfahren."

Der durch diesen Verlust schwer Geprüfte hatte felsenfest auf die Fürbitte so vieler Gotteskinder und sein Gebet gebaut. Und nun kam der Schlag unerwartet. Er hatte in diesem Fall das *‚nicht mein, sondern dein Wille geschehe'* aus den Augen verloren. (Er) kam deshalb zu der Überzeugung, dass sich Gott durch das Gebet in seinen Handlungen nicht stören lasse, deshalb bete er fernerhin nicht mehr, um in diesen Dingern erhört zu werden, sondern nur um in Gemeinschaft mit Gott zu bleiben. Doch konnte er sich in dieser Zwitterstellung zu Gott nicht erhalten, der Fragen und Zweifel wurden immer mehr. Er fürchtete sich vor dem Herrn; wollte er beten, so konnte er nicht; und als er aus der Not seines Herzens anrief, so schien ihm der Himmel verschlossen.

„Am Rogate-Sonntag – sagt er – *sollte ich über das Evangelium, das Gebet (Johannes 16, 23ff) predigen, was mir aber unmöglich war. Es wäre die reinste Heuchelei gewesen und ein Heuchler bin ich doch wohl kaum. So predigte ich über die Geschichte der Kundschafter, über Unglauben und Glauben, allein es ging mir mit diesem Text nicht viel besser: Wenn mir doch Gott mein früheres Vertrauen wieder geben wollte. Wie glücklich wollte ich sein!"*

Zuhause hatte er nichts als Trauer und Kampf, drum machte er mehrere kleinere und grössere Reisen, bekennt aber einmal, dass er kein Apostel der Liebe, sondern des Zornes Gottes gewesen sei. Den Tag vor Pfingsten scheint der Kampf am heissesten gewesen zu sein. Er sagt:

„Seit dem 1. Februar fürchte ich mich vor dem Herrn, ich verstehe ihn nicht und ich fühle, dass sein Zorn auf mir ruht. Obgleich ich immer bete, er möge mir wieder Liebe und Vertrauen schenken wie früher, tut er es doch nicht. Ich glaube er will mich nicht hören. Das ist die Strafe für frühere Gleichgültigkeit."

Am 13. Mai, Pfingstfest sodann:

„Ach wollte der Herr, ... seinen Geist über Akem geben, damit es anders würde, denn es steht traurig. Es ist Satan, der Gottes Werk hindert und seinen Arbeitern Misstrauen einflösst. Komm heiliger Geist, kehr bei uns ein – auch bei mir!"

Am Trinitatis-Sonntag schreibt er:

„Da Date nicht ganz gesund ist, so hatte ich die Predigt über den Kanzelgruss 2. Kor. 13,13 „Jesus Christus hat euch allen seine Gnade geschenkt. Gott liebt euch....". *Dem Herrn sei Dank, der Bann ist gewichen, ich kann wieder an die Liebe Gottes glauben, woran ich seit dem 1. Februar nicht mehr glaubte. Nicht dass ich das mich betroffene Leid als ein Ausnahmestück betrachtet hätte. Aber ich hatte felsenfest auf die Fürbitte so vieler treuer Freunde gebaut und geglaubt, eine Erhörung ihrer Gebete sei zweifellos. Da kam der Schlag unerwartet. Mein ganzer Glaube an die Erhörung flog über Bord.*
Zum ersten Mal seit 4 Monaten habe ich wieder einen kleinen Lichtblick bekommen. Es ist möglich, dass Gott liebt, ohne dass er alle unsere Gebete erhört. Ja gerade darin liegt seine Liebe, dass er im Stande ist, abzureisen. Wer weiss, was ich mir erbeten habe, vielleicht das gerade Gegenteil von dem, was ich wollte. Wenn ich mir heute überlege, dass die Möglichkeit einer Geistesstörung bei Lydia nicht wegzuleugnen war, ja dass es in allernächster Nähe sei (was auch meine Überzeugung ist), wenn das durch meinen Sinn geht, so muss ich um Vergebung für meinen Trotz bitten und sagen: ‚Herr du hast vielleicht grosse Barmherzigkeit an der teuren Verstorbenen und an der ganzen Familie getan, hast sie in kindlichem Glauben an dich weggenommen, ehe ihr Herz durch Krämpfe erbittert war. Ich will es wieder glauben, dass du die Liebe bist.' – Ja der Herr ist gnädig, mein heissestes Sehnen, wieder in ein besseres Verhältnis zu kommen, hat er erhört und die kalte Macht des Unglaubens ist gewichen."

Sechs Wochen später schreibt er wieder:

„Wo ich hinsehe, finde ich nichts als Fehler, und doch soll ich diese grosse Arbeit leisten. Nächstens hat Gott in Akem nichts mehr zu tun, als meine Fehler zu korrigieren. Ich bin wieder um manche Erfahrung reicher. Vor allem ist es die, dass Gott der Herr sich ewig gleich bleibt.“ -

Ende Juli verbrachte ich noch, bevor ich hierher reiste, 10 Tage bei ihm und nahm alsbald bei meiner Ankunft wahr, dass eine Veränderung zum Bessern in ihm vorgegangen. Er sprach wieder glaubensmutiger. Das beruhigte mich. Am liebsten wäre ich bei ihm geblieben, um ihn, so viel als möglich, in seiner Arbeit zu unterstützen, war auch schon zum Besuch der Aussenstationen vorbereitet, als unerwartet der Ruf an mich erging, hierher zu kommen. So machte **er** sich auf den Weg und begann nach seiner Rückkehr die Akem Mittelschule.

In seinem letzten Brief vom 28. August schrieb er mir, er sei seit einiger Zeit nicht recht wohl und eine eigentümliche Halskrankheit mache ihm seit 4 Wochen etwas Sorge. Er fühle, er müsse sich erholen und werde deshalb Mitte September hierher kommen, Herrn Dr. Mähli konsultieren und dann nach Abokobi und Osu gehen.

Buck kommt schwer krank am 14. September an. Mit hohem Fieber reist er weiter nach Aburi, um darauf nach Abokobi hinunter zu ziehen. Dort packen ihn Schüttelfrost und Atembeschwerden des „Gallenfiebers. Dr. Mähly wird benachrichtigt. „Wieder aufzukommen wünschte er nicht, er war des Kämpfens müde,“ schreibt W.H., „er sehnte sich nach Ruhe, nach einer Heimat.“ Am 30. September schliesst auch er seine Augen für immer. Wilh. Huppenbauer beendet seinen Bericht:

Der Verlust ist im Augenblick für unsere Akem Mission gross. Wo ist der Mann, der im Stande ist, diese grosse Arbeit zu leiten? Ohne des Herrn Willen fällt ja kein Sperling. Er wird nichts versehen. Drum seien auch unsere Leiden und Sorgen ihm anbefohlen. Er sorgt für uns. Wir aber wollen es immer mehr lernen und uns damit vertraut machen, dass die Zwillingsschwester der Mission „Passion“ heisst. –

Hochachtungsvollst Ihr trauernder Wilhelm Huppenbauer, Missionar

An der Geschichte Missionar Bucks ist (mir) eindrücklich, wie tief diese erst kurze Liebe, die ja noch kaum Zeit hatte zu wachsen, gewesen ist; so, dass ein in seinem Glauben so starker und unternehmungsfreudiger Mann wie Karl Buck sozusagen zu Tode getroffen wird beim Verlust seiner Frau. So wenig diese Leute über die Liebe zur Frau sprachen, so tief war sie dennoch.

*

WILHELM HUPPENBAUER

Seine Heiratsgeschichte ist ganz anderer Art als die seines Bruders. Einmal gibt es bei ihm keine Korrespondenz mit seiner Braut, weil die Zeit zwischen Werbung, Ja-Wort und Ausreise so kurz war, dass Briefe sie nicht mehr erreichen konnten. Wir wissen deshalb wenig von dem, was in ihm in dieser Zeit vorging. Für die Heirat gibt er nur ganz und gar sachliche, wirtschaftliche Gründe an – wenn auch nach dem schnellen Tod seiner Frau noch andere Seiten zu erahnen sein mögen.

Wilhelm Huppenbauer, der jüngere Bruder Davids, wurde am 26. Juni 1858 als Sohn des Bartholomäus H., Weingärtner in Untertürkheim und der Dorothea Barbara geb. Strauss geboren. Von ihm heisst es in den Akten der Basler Mission, er habe „nicht die Gewandtheit und das Angenehme in seinem Wesen wie sein Bruder, ist auch nicht so freimütig wie jener". Er war wohl der brävere und machte seinem frommen und strengen Vater weniger Sorgen als sein Bruder David. Auch er spürt, mit 18, den Drang in die Mission, meldet sich in Basel, kann 1876 ins Missionsseminar eintreten und wird 1882 ebenfalls für die Goldküste – bestimmt.

Nach einer Einführungszeit in Akropong-Akwapim soll er 1884 die Station Begoro in Akem übernehmen. Aber schon 1883 wird für ihn zur Prüfung. Der plötzliche Tod seiner Schwester Lydia Buck-Huppenbauer im Februar 1883, die darauf folgende Leidens- und Zweifelszeit seines Schwagers Karl Buck und dann dessen Tod im September erschüttern und verunsichern ihn sehr. Bruder David ist ja mit seiner Frau im Europaurlaub und kehrt erst Ende 1883 zurück. Nach Rücksprache mit diesem bittet er im Frühjahr 1884 – auch er etwas verfrüht – um Heiratserlaubnis und eine entsprechende „Werbung" durch das Komitee. Wie dann Bruder David und Frau Lydia mit ihrem Söhnlein im Juni 1884 unerwartet für ganz heimkehren müssen, übergibt er diesem die ganze Angelegenheit.[71]

Bitte um Heiratserlaubnis

Am 11. März 1884 schreibt W. Huppenbauer aus Akropong:

> „Geehrte Komitee
> Wohl eingedenk wie hinfällig das Menschenleben, besonders in Afrika, und wie schnell sich Alles verändern kann, bewegte mich doch in den letzten 14 Tagen

[71] Dazu Pers.fasz. BV 1015 und 946 sowie D-10,15, S. 68f; und Kom.Prot. 1884.

die Frage, ob ich nach Verfluss von 3 Jahren die geehrte Kommittee um Heimkehrerlaubnis oder aber nach 2 Jahren um Erlaubnis zur Verheiratung bitten solle. Nachdem ich im vergangenen Jahr am Sterbebette meiner Schwester und Schwagers stand, konnte ich nicht leicht über die Sache hinauskommen, kam aber zur Überzeugung, dass ich vorerst vom ersten Falle (Heimkehr nach 3 Jahren) absehen sollte, und zwar deshalb, weil es mir im letzten Jahr nach der ersten überstandenen Fieberzeit gut ging. Ich traue es deshalb dem Herrn zu, dass er auch fernerhin mir Kraft zur Arbeit darreichen werde.
Da ich voraussichtlich Mitte dieses Jahres nach Begoro übersiedeln werde und auch meine Geschwister (D. Huppenbauer mit Frau) es wünschen, dass 2 Frauen in Akem wären, so lege ich der geehrten Komitee die Bitte um Erlaubnis zu meiner Verheiratung vor. Würde die geehrte Komitee meiner Bitte entsprechen, so bitte ich für mich um die Hand von Maria Mayer, der einzigen Tochter der meinem Elternhause nahe stehenden Familie Karl Mayer, Buchdrucker in Schorndorf, zu werben.

Ihrer Entscheidung entgegensehend

Ihr dankbarer W. Huppenbauer, Missionar"

Diesem Schreiben fügt er einen privaten Brief an den Inspektor bei. In der Seminarzeit hatte es gleich zweimal „penible" Angelegenheiten gegeben, einmal (1880) weil er in einem Scheidungsprozess als Zeuge aufgerufen werden sollte, was zwar nichts Schlimmes, aber eben doch ungewöhnlich war, das andere Mal (1882), weil ihm jemand Avancen bei eben dieser Maria Mayer aus Schorndorf angelastet hatte. Im zweiten Fall – Wilhelm war gerade zum Sprachaufenthalt in England – gab es eine Untersuchung und gründliche Aussprache mit dem Inspektor.[72]

„Geehrter Herr Inspektor
Wenn ich in beiliegendem Schreiben die geehrte Komitee, im Fall der Genehmigung meiner Bitte um Erlaubnis meiner Verheiratung, bitte, um die Hand von Maria Mayer für mich zu werben, so halte ich es für meine Pflicht, Ihnen als meinem geistlichen Vater und Sorger in dieser Angelegenheit privatim einige Worte beizufügen. Ich verteidige mich nicht und Sie erlassen es mir auch, habe ich doch mit Ihnen offen und aufrichtig über die Sache geredet, als man mir vor meinem Abgang vorwarf, ich hätte gerade in jener Familie Heiratsumtriebe gemacht. Lassen Sie mich es nur nochmals aussprechen, dass ich noch nie in dieser Beziehung gegen die Verordnung gehandelt, weder mit der Tochter noch

[72] A.a.O. dazu Vermerk *R. 2. Mai* und *§ 205 und 218* (Hinweis auf entsprechende Notiz im Komiteeprotokoll, dasselbe auch im folgenden Brief von Wilhelms Vater).

mit den Eltern ein Wort gesprochen, noch geschrieben habe ... Dass ich mich zu genannter Tochter hingezogen fühlte, kann ich nicht leugnen, deshalb ich nun bitte, um ihre Hand zu werben, obwohl ich nicht weiss, ob die Eltern das Opfer geben werden, im Falle die geehrte Komitee anfragen wird. Doch kann ich jenen Zug der Liebe nicht ohne weiteres als Sünde ansehen. Der Grund, weshalb ich jetzt diese Bitte einsende, ist:

1) Weil ich mir sagen muss, dass ein Akem Missionar nach 4-5 Jahren doch heimkehren sollte. 2) weil eine Missionsbraut, wie ich von meiner verstorbenen Schwester weiss, recht froh ist, wenn ihr auch mehrere Monate zu verschiedener Vorbereitung geschenkt sind.....

hochachtungsvollst Ihr dankbarer W. Huppenbauer

Die Werbung beginnt

Die Angelegenheit obliegt zwar dem Komitee, aber diesmal wird auch der Vater, Bartholomäus, Weinbauer und Vertrauensmann der Basler Mission, aktiv. Was Vater Huppenbauer bei seinem Ältesten nicht tun konnte, holt er nun beim zweiten Sohn nach. Er selber lebt nun in Schorndorf. So wendet er sich, noch bevor der Entscheid des Komitees vorliegt, nicht nur an die Mutter der zur Diskussion stehenden Maria, sondern am 25. April 1884 auch an den Inspektor:

„Geehrter Herr Inspektor
In Betreff meines Sohnes Wilhelm in Afrika, welcher bei seiner werten Komitee um Heiratserlaubnis in letzter Zeit eingekommen, möchte ich Sie bitten, vorerst keine Anfrage zu machen an die ihnen vorgeschlagene Person, Marie Mayer, Tochter des Buchdruckereibesitzers in Schorndorf, weil dieselbe seit einem ½ Jahr in Wilhelmsdorf in Pension ist und bis Mai in Ferie (sic) kommt, wo es doch auch besonders von dem Willen der Jungfrau selbst den Ausschlag geben wird ... Ich habe mit der Mutter soeben gesprochen, dass man zuwarten möchte mit einer Anfrage. Ich schreibe diese Zeilen mit der Voraussetzung, dass ihm die Heiratserlaubnis genehmigt wird.
Werde Ihnen, geehrter Herr Insp. im Laufe der nächsten Zeit, wenn ich von der Sache mehr weiss, wieder schreiben oder auch an der Missionskonferenz in Stuttgart (27. Mai) mündlich darüber mitteilen können. Dass für jetzt noch keine Aussicht vorhanden zu sein scheint, beweist, dass das Gerücht bei seiner Aussendung entweder Missverstand oder Lüge gewesen ...

In herzlicher Liebe grüsst Sie Ihr im Herrn verbundener B. Huppenbauer

Auf der freien Seite dieses Briefes finden sich die Notizen des Inspektors (Schott) zuhanden der Komitee-Sitzung:

Was die Erlaubnis betrifft, so plädiert er für o.k. Dann:
- Mayer Maria, 20 Jahre, in Wilhelmsdorf à Pension, gegenwärtig Vakanz - tüchtig und gesund.
- V(ater) Mayer wohl schwer Ja sagen, wenn ein Korb ev. Rückfrage bei *(?)*

In der Sitzung vom 30. April 1884 erteilt das Komitee die Erlaubnis. Einige Mitglieder hatten Bedenken und wollten die Regel strikte angewendet wissen, nicht zuletzt, weil W. Huppenbauer in seinem Brief den Gedanken bewegte, nach drei Jahren um Heimkehrerlaubnis zu bitten.[73]

Nach seiner Besprechung in Stuttgart meldet Vater Huppenbauer am 2. Juni 1884 aus Schorndorf[74]

„Lieber Herr Inspektor
Gemäss unserer Verabredung in Stuttgart möchte ich Ihnen in der Angelegenheit meines Sohnes Wilhelm … mitteilen:
- Die Tochter selbst – Maria 20 Jahre alt – würde mit Freuden die Hand bieten und nach Afrika gehen.
- Die Mutter, mit welcher ich die Sache eingehend im Vertrauen besprechen konnte, würde ihrerseits ihr einziges Kind, so schwer es ihr auch werden würde, dem Herrn zum Opfer bringen, auch habe sie Ihrem Mann schon öfters gesagt, Abraham habe seinen einzigen Sohn Isaak dem Herrn zum Opfer gebracht und Gott habe seinen einigen Sohn für uns dahin gegeben, aber der Vater, welcher wirklich in der Tat ein warmer Missionsfreund ist, kann sich eben nicht dazu verstehen seine Tochter nach Afrika zu geben. Unter genannten Umständen überlasse ich die Entscheidung über An- oder Nichtanfrage einer werthen Komitee.
Der Herr wolle die Sache nach seinem Willen und Wohlgefallen leiten.
Wenn ich noch bitten dürfte, über die Entscheidung der werthen Komitee einige Zeilen mir zukommen zu lassen.
Meine herzlichsten Grüsse von Ihrem im Herrn verbundenen

B. Huppenbauer (bei der Kirche)“

„Die werthe Komitee“ befasst sich im Juni mit der Frage. Dabei stellt sich heraus, dass Vater Huppenbauer nicht über Wilhelm, sondern vermutlich durch David von der Sache gehört und daraufhin mit der Mutter der Maria gesprochen habe. Der

---

[73] Komitee Protokoll 1884, XIII. Sitzung vom 30. April, § 152. Als „Unzuträglichkeit“ wurde empfunden, wenn Brüder ihre Eltern Schritte tun lassen, ehe die Komitee gesprochen hat. Auch wird die frühere Sache “durch die der Brüderkreis gegen Huppenbauer eingenommen worden sei“, erwähnt, aber dann dem Antrag des Inspektors doch zugestimmt.

[74] A.a.O. mit Vermerk *R 16. Juni / ° 208.*

Inspektor soll trotz der Widerstände seitens des Vaters anfragen. Die Antwort des Buchdruckereibesitzers lässt nicht auf sich warten.[75]

Schorndorf, 20. Juni 1884

„Sehr geehrter Herr Inspektor

Ihr wertes Schreiben vom 16. des Mts. erlaube ich mir hiermit ergebenst zu beantworten, indem ich Ihnen höflich mitteile, dass ich schon am 22. April von David Huppenbauer einen Brief erhielte(sic), worin er – wie ich längst zum Voraus ahnte – für seinen Bruder Wilhelm um die Hand meiner Tochter warb und zugleich bemerkte, dass von verehrl. Comittee in Basel eine diesbezügliche Anfrage an mich ergehen werde. Was ich dem l. Br. D.H. hierauf erwiderte, will ich Ihnen in Kürze wiederholen:

„Deine Anfrage wegen unserer Marie beantwortend muss ich dir ein für allemal erklären, dass es uns mit Rücksicht auf Alter und auf den kränklichen Zustand meiner Frau unmöglich ist, unser einziges geliebtes Kind nach Afrika, überhaupt nicht in die Mission gehen zu lassen.“

Aus diesen eben angeführten Worten mögen Sie lieber Herr Inspektor, unsere Entscheidung erfahren, die auch nicht durch die von Vater Huppenbauer versuchte Verlockung, die er in meiner Abwesenheit meiner Frau gegenüber sich erlaubte „wir sollten froh sein, wenn unsere Tochter eine solche Versorgung bekomme“ wankend geworden ist.

Ich halte dafür, dass weitere Erörterungen für Sie keinen Wert haben und schliesse daher,

Sie in brüderl. Liebe herzl. grüssend, Hochachtungsvoll Carl W. Mayer

Deutlicher geht es nicht mehr. Interessant, dass die Tochter wohl möchte, nicht aber der Vater, trotz seiner Verbundenheit mit der Mission, auch wenn er als Grund seiner Ablehnung die Mutter vorschiebt![76]

Ein zweiter Versuch

Mit dieser Absage sind die Chancen für Wilhelm gesunken. In einem Brief vom 27. Juni teilt Inspektor Schott dies dem Missionar mit. Inzwischen hatten David, seine Frau Lydia mit ihrem Kind Abschied von Afrika genommen. Im Herbst 1884 kommt David Huppenbauer in Europa an. In seinem Gepäck findet sich folgende Weisung seines Bruders Wilhelm:[77]

---

[75] Vermerk § 233, d.h. im Komitee-Protokoll

[76] Das war auch bei Absagen von andern Bräuten der Fall gewesen: die junge Frau mochte schon, anders aber der Vater, der könne sie nicht entbehren !

[77] Gernsbach, 15. Dez. 1884, in Pers. Fasz. d.h. 946; Bestätigung durch Komitee 7. Jan 1885, § 8.

„Geehrte Komitee !
Bei meinem Weggang von Afrika hat mein Bruder Wilh. Huppenbauer seine Heiratsangelegenheit ganz in meine Hand gelegt und mich ermächtigt, in seinem Namen zu handeln und im Einverständnis mit der ge. Komitee die Sache zum Schluss zu bringen, ohne erst seine Einwilligung von Afrika abzuwarten."

Jetzt vernehmen wir auch, wie so etwas in pietistischen Kreisen gehandhabt wurde. David besprach sich darüber mit seinem Vater und Schwester Doris. Sie machten ihn auf eine Tochter aus Stuttgart, von Beruf Lehrerin, aufmerksam. Darauf beriet er sich mit einem Vertrauensmann der Mission in Stuttgart, Bruder Fritz:

„Merkwürdigerweise machte er mir denselben Vorschlag wie mein Vater. Wir nahmen zu Hause die Sache ins Gebet und berieten darüber, erkundigten uns auch, ob Aussicht vorhanden, dass die Tochter oder ihre Eltern auf eine etwaige Anfrage von Seiten der ge. Komitee eingehen und einen Ruf nach Afrika annehmen würden.
Nachdem das geschehen, erlaube ich mir im Namen meines Bruders Sie zu bitten, entweder selbst oder durch Bruder Fritz oder mich um die *Hand von Frl. Lydia Dietrich, Tochter des Oberlehrers Dietrich in Stuttgart* werben zu wollen.[78] Genannte Tochter ist zur Zeit Lehrerin in Stuttgart, ganz entschieden gläubig, hat eine wahre Liebe zur Mission und ist dabei kräftig und gesund, was für Afrika auch in die Wagschale fällt.
Ich erlaube mir, dieses Schreiben durch Br. Fritz gehen zu lassen, da er um die Sache weiss und die Tochter besser kennt als ich, so bitte ich ihn, er möge zu Handen der ge. Komitee ein Zeugnis über sie ausstellen.

Hochachtungsvollst grüssend D. Huppenbauer

Nachtrag durch Herrn Fritz:

„Das von Br. Huppenbauer über Frl. L. Dietrich Gesagte kann ich bestätigen und habe die Überzeugung, dass sie eine tüchtige Missionsfrau werden wird. Ihr Vater ist ein alter Freund unserer Mission und .... Haupt und Leiter der einstigen hahnischen Protestanten ....."

So einfach geht die Sache aber auch hier nicht. Oberlehrer Dietrich zieht seinerseits Erkundigungen ein über diesen Wilhelm H. und stösst auf Ungereimtes! Das will ihm nicht gefallen. Es sieht für Wilhelm gar nicht gut aus. Dietrich antwortet

[78] Auch Wilhelm erwähnte diesen Namen in einem Brief ans Komitee vom 13. November 1884. „Ich selbst kenne die Tochter nicht, schreibt er, weiss nur, dass dieselbe als Lehrerin in Stuttgart tätig ist; wohl aber kenne ich ihren Vater." D-10,19, S.498f (zuhinterst im Kopierbuch nach vielen leeren Seiten). Im Komiteeprotokoll 1885 wird davon nichts erwähnt.

ablehnend. Zunächst scheint es, dass dahinter religiöse Vorbehalte steckten, was beim Leiter der „hahn'schen Gemeinde" gegenüber einem gewöhnlichen Pietisten ja möglich wäre. Dann zeigt sich, dass die Vorwürfe, die Wilhelm vor seiner Ausreise angelastet, sich aber als falsch erwiesen hatten, jetzt wieder auftauchen. David vermutet bewusste Verleumdung – ohne dass er einen Namen nennt. Ende Jahr aber macht er Wilhelm wieder Hoffnung: [79]

> „Mein lieber Wilhelm
> Obwohl ich für heute dir betreffs deiner persönlichen Angelegenheit nichts Bestimmtes mitteilen kann, so bin ich doch in der Lage, dir wieder Hoffnung zu machen. Zwar habe ich keinen neuen Vorschlag für dich, sondern vorerst bleibt es beim Alten, nämlich Lydia Dietrich."

Schw. Doris hatte zwar davon abgeraten. Doch er versuchte einen neuen Vorstoss beim Oberlehrer.

> „.... Ich schrieb unserm Vater, wenn er nach Stuttgart komme, soll er nochmals mit Fritz reden. Vater ging hin und hörte bei Fritz, was der Grund der ablehnenden Antwort von Dietrich und seiner Tochter sei. Es war nicht, wie Schw. Doris uns glauben machte, sondern es handelte sich um Wahrheit und Lüge. Dietrich, der sich anderweitig nach dir erkundigte, wurde falsch unterrichtet, z.B. habest Du eine Bekanntschaft mit einem Mädchen in Basel gehabt, weshalb du vom Inspektor zitiert worden seiest. Vater ging nun selbst zu Dietrich und sprach mit ihm und bat ihn, sich bei Schott zu erkundigen."

Dietrich möchte am liebsten gar nichts mehr mit der Sache zu tun haben und auch auf weitere Erkundigungen bei Insp. Schott ganz verzichten.

> „... Als ich das hörte, schrieb ich offen an Dietrich. Ich sagte, dass jene Geschichte, die vor den Inspektor gekommen sei, auf Verleumdung beruhe, aus Neid und Eifersucht entsprungen; und bat ihn, im Interesse von Wahrheit und Gerechtigkeit sich an den Inspektor zu wenden.
> ... Auf Vaters Bitte hin hatte er das getan und von Schott gleichzeitig mit meinem Brief Antwort erhalten. Vaters Anfrage, mein Brief und Schotts Angaben stimmten ganz zusammen. Dietrich schrieb mir einen Brief, worin er seine Freude ausdrückte, dass das, was man ihm gesagt, unrichtig sei .... Dietrich schrieb nun, es sei möglich, dass nachdem die Sache so stehe, seine Tochter doch auch JA sich überlegen könne? Kommt es wirklich zu einem JA, so kann ich mich für dich nur freuen, denn Du bekämst eine in jeder Beziehung tüchtige

[79] Gernsbach, am 20. Dezember 1884, D-10,15, S. 68f

Frau. Ich für meine Person kann es nur bedauern, wenn nichts aus der Sache würde. So befehlen wir denn die Sache dem Herrn und hoffen auf ihn, er wird's gewiss noch recht machen."

Und dann die Zusage

Im Grunde genommen geht es erstaunlich schnell. Denn schon am 20. Jan. 1885 kann Oberlehrer Dietrich antworten. Er scheint wirklich erleichtert und schreibt nun an David Huppenbauer zuhanden des Komitees[80] (11. Januar 1885):

„Lieber Bruder
Für den freundlichen Antrag, den das Basler Missions Comitee durch Dich an uns gelangen liess, welchem zufolge meine Tochter Lydia Dietrich Frau deines l. Bruders, Wilhelm Huppenbauer in Akropong in Westafrika werden soll, danken wir ergebenst.
Im Blick auf die wichtige Aufgabe der Heidenmission, zu deren Dienst meine Tochter schon vor einem Jahr durch Herrn Inspektor Schott sich als Lehrerin anbot, können wir diesen Antrag nun als vom Herrn gekommen ansehen und mit Freuden darauf ein Ja geben in der Hoffnung, dass der Herr Jesus sein Amen dazu gebe.
In brüderlicher Liebe grüssend Dein treuer Bruder in Christus

C. Dietrich, Oberlehrer

Den vorstehenden Zeilen meines lieben Vaters mich anschliessend, gebe ich aus voller Überzeugung mein freudiges Jawort. Lydia Dietrich

Schon am folgenden Tag kann David Huppenbauer diese Meldung an die Missionsleitung weitersenden. Er fügt die Bitte an, Vater und Tochter Dietrich über Reisemöglichkeiten, Ausrüstung und „was zu wissen nötig und gut für sie ist" zu informieren und schliesst mit den Worten:

„Ich freue mich von Herzen über dies „Ja" nicht allein zu meinem Bruder, sondern auch für unsere afrikanische Mission; denn wir bekommen dadurch wieder eine neue kräftige und gläubige Gebetsgemeinde in unsern Rücken und das ist für uns von überaus grossem Wert."

Auch der Inspektor wendet sich nun direkt und mit einfühlsamem Zuspruch an die Betroffenen. Weil bald zwei Missionare aus ihrem Heimaturlaub nach Afrika zu-

[80] BV N° 1015 (W.H.). Bestätigt im Komitee, 14. Jan. 1885, § 20

rückreisen, zeichnet sich eine baldige Abreise ab. Am 20. Januar kommt Dietrich darauf zurück und schreibt[81]:

> „Jawohl, wir haben uns die ganze Tragweite dieses Entschlusses vor Augen gestellt und im Namen unseres grossen Königs, der schon auf Erden gesagt hat, Mir ist gegeben alle Gewalt im Himmel und auf Erden, es gewagt, ein Ja zu sagen. Sein ist das Reich und die Macht in Ewigkeit.
> Wenn meine Kinder in die Mission eintreten können und dürfen, so sehe ich das als eine besondere Gnade Gottes an. Wie würde ich mich freuen, wenn meine Söhne sich in dieser Lage befänden.
> Was nun die Ausreise meiner Tochter betrifft, so wäre es uns ganz besonders lieb, wenn sie mit dem Missionar Eisenschmid und seiner Frau reisen dürfte. Sie wird dorthin schon fertig sein. Sie hat sich bei Frau Missionar Müller vorgestellt behufs des Eintritts in den Hebammenkurs.[82] Soviel wir bis jetzt wissen, wird sie Mitte Februar auf 4 Wochen den betr. Kurs mitmachen. Aus ihrer Lehrstelle am evang. Töchterinstitut tritt sie morgen aus.
> Ihnen nochmals dankend für alle ihre Mitteilung und mich dem verehrten Comitee bestens empfehlend grüsst Sie im Namen Jesu
> Hochachtungsvoll Oberlehrer Dietrich

Und wie das so üblich ist, bittet er entsprechend den Weisungen der Mission um finanzielle Beteiligung der Mission an der Aussteuer der Tochter für den Tropeneinsatz. Details wird diese selber mit den zuständigen Leuten besprechen.

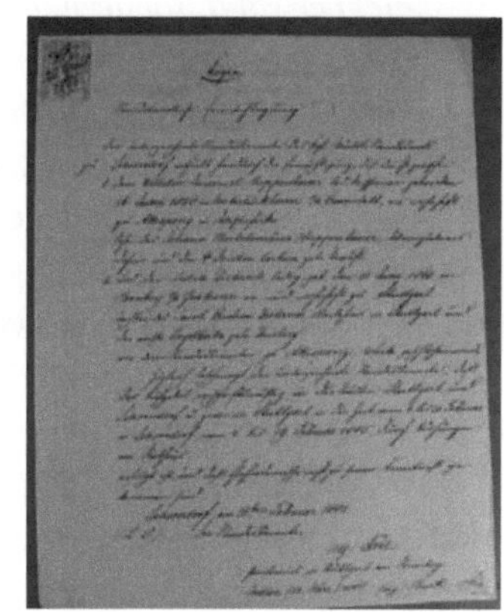

Die Heirat

Einen Monat später, am 23. Februar stellt das Standesamt Schorndorf die Heiratsermächtigung aus: Es wird darin im Voraus, am 23. Februar 1885, bescheinigt, dass die Ehe zwischen Wilhelm Huppenbauer und Lydia Dietrich in Akropong geschlossen *wurde*. Ihr Eheversprechen war in Stuttgart und Schorndorf durch Aushängen bekannt gemacht worden. Angefügt ist die nachträgliche Verkündigung in Stuttgart am Sonntag Judica (22. März 1885).

[81] Pers. Fasz. B.V. 1015
[82] Vom Komitee so beschlossen am 21. Jan. 1885, § 37 und 25. März, § 182.

Zum Briefwechsel zwischen den beiden kommt es gar nicht. Vor Mitte März konnte Wilhelm nicht wissen, ob er nun Bräutigam sei oder nicht. Ein Brief an die Braut hätte Europa nicht vor Anfang Mai erreicht. Und da war Lydia Dietrich – mit den Geschw. Eisen-schmid am 22. April abgereist – längst unterwegs nach Accra, wo sie am 20. Mai ankam und wie alle andern im Kanu durch die sich vor der Küste brechende Brandung durch musste, ehe sie afrikanischen Boden betreten konnte und von Wilhelm in Empfang genommen wurde.

Alles geht nun ordnungsgemäss vonstatten: Die Unterlagen aus Deutschland werden vorgelegt, der Ehewunsch der beiden „in der hiesigen evangelischen Kirche" in Accra verkündet, und dann folgt dort am 28. Mai die offizielle Trauung durch Missionar Siegle.[83]

Briefe nach Hause

Nach der Trauung geht es nochmals nach Akropong, von dort am 15. Juni nach Begoro. Bruder Rösler begleitet sie. Die Station erreichen sie drei Tage später, am 17. Juni. Am 29. Juni 1885 schreibt Wilhelm an Schott[84]:

> „Nachdem ich mit meiner Frau hier angekommen und wir uns soweit tüchtig eingerichtet haben, drängt es mich doch, Ihnen mit ein paar Zeilen hievon Mitteilung zu machen.
> Am 28. Mai fand in Osu durch Br.Siegle unsere Trauung statt. Wir hatten uns auf unsern gemeinsamen Lebenspfad das Wort des Herrn erlesen: *Ihr habt mich nicht erwählt, sondern ich habe euch erwählt* (Joh. 15,10 8?). Es war ein wirklicher Freudentag für uns und wiederum ein Tag des Ernstes. Ich musste so viel an unsere so früh ins Grab gesunkene Schwester und ihren Gatten Br. Buck denken. Doch der Herr hat uns beiden viel Mut und Freudigkeit geschenkt, in Afrika zu arbeiten. Einige Tage nach der Trauung reisten wir über Abokobi und Aburi nach Akropong, woselbst wir uns noch eine ganze Woche aufhielten, da ich es um meiner Frau willen für besser hielt. Am 15. Juni (traten wir) unsere Weiterreise an und erreichten am 17. abends wohlbehalten unsere Station Begoro. Wie dankte ich dem Herrn. Denn da die Regenzeit schon eingesetzt hatte, war mir um meiner l. Frau willen ein wenig bange ….
> Der Katechist und der Lehrer hatten das Missionshaus mit Palmen geschmückt. Die Gemeinde kam uns entgegen. Die Schüler begrüssten uns mit Gesang – das alles tat mir und besonders meiner l. Frau recht wohl.
>
> W. und L. Huppenbauer-Dietrich

---

[83] Trauschein vom 28. Mai, ebenfalls im Fasz. BV N° 1015.

[84] D-1,43, N° 88, und D-10,19 S. 76 vom 29 Juni 85, aus Begoro

Aus einem Brief an den Schwiegervater („Papa“) erfahren wir, dass Lydia fleissig Briefe geschrieben habe. Im Archiv ist davon nichts erhalten, ausser einem kurzen Gruss um die Jahreswende 1885/86. Aus dem gleichen Brief können wir entnehmen, dass Vater Dietrich seinem Schwiegersohn auch medizinische Ratschläge gab. Vor allem warnte er ihn vor dem Chinin, das in jenen Jahren als die grosse Entdeckung zur Bekämpfung von Malaria angewendet wurde, und, wie sich allerdings erst später herausstellte, auch Risiken in sich barg. Dem Schwiegervater schreibt Wilhelm am 31. Juli:

> „Geliebter Papa
> Die liebe Lydia versprach schon mit letzter Post, ich werde dir schreiben in Antwort auf deinen lieben Brief vom 5.6.85., doch muss ich es ganz kurz tun. Ich hatte der rechtlichen Schreibereien und Arbeiten in letzter Zeit viele, dass ich unmöglich an private Briefe kommen konnte. Ich bin so froh, dass gerade auch in diesem Stück meine l. Frau mir einen guten Teil Arbeit abnimmt.
> Viele unserer Brüder müssen ihre Arbeit mit Seufzen, mit Fiebern in körperlicher Schwäche tun, und ich durfte seit mehr als zwei Jahren trotz vielen Reisen, Anstrengungen und schweren Erfahrungen jeden Tag gesund und wohl antreten. Ich habe in Europa nie so viel und so ernstlich dem Herrn für meine Gesundheit gedankt als hier in Afrika.
> Und doch bin ich froh, dass dein Wunsch, l. Papa, kein Chinin zu nehmen, kein Befehl ist, sondern nur ein Wunsch. Doch auch der Wunsch brachte mich in grosse innere Not. Sie im Falle eines Fiebers ohne Abhilfe, die bei gewöhnlichen Fiebern so leicht mit etwas Chinin geschehen kann, zu lassen - würde mich sehr unglücklich machen und wohl selbst ein Fieber eintragen. Auch würde ich es für ein Unrecht halten.“

Er rechtfertigt die Verwendung dieses Mittels am Beispiel anderer Medikamente, die alle, und darum auch das Chinin Gaben Gottes seien. Die Argumentation ermangelt nicht einer gewissen Tragik. Wurde doch später erkannt, dass das in diesen Jahren so erschreckend aufgetretene „Gallenfieber“ (eigentlich Schwarzwasserfieber) durch die Einnahme von Chinin im falschen Moment verursacht wurde.

Anders als bei David gibt es bei Wilhelm wenig grundsätzliche Äusserungen zu Heirat und Ehe. Aber, so schreibt er im Oktober 1885 dem Vater, er sei als lediger Missionar in seiner Arbeit glücklich gewesen, und jetzt sei er mit der Frau zusammen noch glücklicher. Alles tragen sie gemeinsam. In schweren Umständen – König Amoako Atta ist zurück und hatte geschworen, an den Christen Rache zu nehmen – könnten sie zusammen kämpfen und beten.

In Wilhelms amtlichen Briefen gibt es keine Erwähnung der Frau. Im Brief an den Vater vom 6. Oktober 1885 fällt ein Passus auf. Allem Anschein nach hatte ihm Vater Bartholomäus spasshafte Anweisungen zum Eheleben gegeben, wohl in der Annahme, dass sein Sohn Wilhelm eher zu den „weichen" Ehemännern gehöre. Da wehrt der sich gleich:

> „Was du mir vom „Hauskönig" und der „Hausfrau" schreibst, erfreute mich sehr. Der Hauskönig bin ich. Auch habe ich die Hosen an. Einige Freunde haben der lb. Lydia eine ganz falsche Vorstellung von mir beigebracht, als ob ich bei ihrer Ankunft schon mit den Hosen in der Hand da stehen würde, um dieselben an sie abzuliefern. Das tue ich schon nicht. Da müsste mein Vater nicht „Bartle" und ich nicht Huppenbauer heissen. … Die Herrschaft gebe ich aber deshalb nicht an meine Frau ab, weil ich sie damit nur unglücklich machen würde. Nun bin ich ihr Hauskönig und sie ist meine Hausfrau. Und dabei will es bleiben, weil es so von Gott verordnet. Und den „eigenen Kopf" zu brechen dazu gibt es in der Ehe wie überall, auch Gelegenheit genug."

Da scheint er – mindestens in seiner verbalen Äusserung – sehr viel stärker auf dem traditionellen Bild vom Mann als Haus*herrn* zu verharren als David, der – äusserlich wohl dominierender als Bruder Wilhelm – im Verhältnis zu seiner Lydia auch eine andere Seite zeigen konnte. Das, was die lieben Kollegen der neu angekommenen Braut über ihren Wilhelm zuflüsterten, wird jedoch auch seinen Grund gehabt haben.

Private Briefe schreibt Wilhelm wenig. So gibt es auch da, wo er über sich und seine Gesundheit berichtet, wenig über Lydia zu erfahren. Um die Jahreswende immerhin eine Ausnahme. Bruder David hatte über seine Familie (mit dem heranwachsenden Karl) geschrieben. Darauf antwortet Wilhelm am 18. Januar 1886 (S. 249):

> „Mit der Zeit hoffe ich, auch ein derartiges (schreiben) zu können. So Gott Gnade gibt, erwarten wir ... einen Weltbürger, ob ein Knabe oder ein Mädchen, bleibt dahingestellt… Möge der Herr seine Gnade über uns offen halten, besonders auch über Lydia, doch ging das bis jetzt ganz ordentlich. An Weihnachte besannen wir uns, ob wir nicht eine Erholung in Akropong nehmen sollten. Lydia, dachte ich, tue eine Luftveränderung gut. Ich selbst war im Kopf und sonst angegriffen und müde …"

Beim nächsten Brief, vom 31. Januar 1886 (S.255-258), möchte Wilhelm einen Gruss der Frau angefügt haben. Sie setzt dann folgende Sätze hin:

Also noch einen Gruss soll ich hinschreiben, Nun also, einen recht schönen Gruss oder zwei. An wen? An alle liebe Leut ? Vornehmlich an meinen verehrten Schwager und an seine liebe Ehehälfte, dann sollen auch die Kleinen einen schönen Gruss bekommen samt allen wohllöblichen Onkeln und Tanten, die im Haus aus- und eingehen.
Also dann, trotz der gnädigen Erlaubnis einen Gruss schreiben zu dürfen, viele liebe Grüsse von Eurer Lydia Huppenbauer-D.

Das ist das einzige, was wir von ihr selber zu hören bekommen.

Kurzes Glück

Auch ihr Glück ist nicht von langer Dauer. Noch bevor ein Jahr um ist, erkrankt Lydia schwer am Schwarzwasserfieber („Gallenfieber") und stirbt daran nach kurzer Zeit (21. Februar). Sie wird am 23. Febr. 1886 in Begoro begraben. Da schreibt Wilhelm H. nach Hause[85]:

„Es ist mir die schwere Aufgabe geworden, der geehrten Komitee die Mitteilung zu machen, dass der Herr über Leben und Tod meine geliebte Frau zu sich gerufen hat.
Donnerstag den 18. Februar bekam sie einen heftigen Fieberanfall, der sich Freitagabend wiederholte. Sie wurde sofort bewusstlos und blieb es auch bis ans Ende. Sie starb Sonntagnachmittag nach 3 Uhr. Ich selbst hatte vor 2 ½ Wochen einen Sonnenstich, der mich nahe an den Rand des Grabes brachte und war daher noch so schwach, dass ich meiner schwer kranken Frau nicht warten konnte. Die Brüder Mohr und Rösler taten, was in ihren Kräften stand. Es war sehr schwer. Br. Mohr ist selbst noch schwach, dazu liegt seine Frau schon Wochen krank. Br. Rösler war vom Fieber geplagt und musste oft im Fieber wachen.
Gestern war die Beerdigung, der ich aber nicht beiwohnen konnte. Von Br. Rösler liess ich mich noch einmal an den Sarg der Entschlafenen führen, musste mich aber sofort wieder legen.
Ich habe viel verloren an meiner geliebten Frau. Sie hat mit mir gebetet und gekämpft, mir die oft so schwere Arbeit erleichtert. Es war ihre Freude in Africa dem Herrn Jesus dienen zu dürfen, den sie ganz geliebt. Sie glaubte auch zuversichtlich, dass der Herr sie lassen werde, aber er hatte es anders beschlossen. Sie sollte als ein Samenkorn in Africas Erde gelegt werden. Meine Seele ist stille zum Herrn.... Dass mein Herz blutet und mein Gemüth niedergedrückt (ist), werden Sie verstehen, habe ich doch in den 3 ½ Jahren meine l.

[85] Ebenfalls 23.Febr. 1886. Abschrift in Pers. Fasz. BV 1015

Schwester und Schwager und nun meine teure Frau in Africas Erde legen müssen. Gedenken Sie meiner vor dem Herrn."

Nicht nur hier, auf allen Stationen ist Krankheit und Not. Davon schreibt Missionar Eisenschmid unter dem 27. Febr. (a.a.O.):

„Mit wie traurigem Herzen beschliessen wir doch diesen Monat wieder. Vorgestern traf die erschütternde Nachricht ein, dass die l. Frau Huppenbauer, unsere Reisegefährtin, die wir innig lieb gewonnen hatten, ihren Erdenlauf, ihre kurze Missionslaufbahn von ¾ Jahren Sonntag den 21. Febr. in Begoro vollendet habe. Es ist dies ein harter Schlag für den Gatten, der selbst krank ist, für die Ihrigen und unsere ganze Mission."

Weiter schreibt er: Das Jahr sei ungesund: Viele Missionsgeschwister sind krank. Auch W. Huppenbauer in Begoro. Am 17. Februar sollte ein Extrabote den Dr. Fisch nach Akropong holen für Frau Aeppli, Br. Müller und Geschwister Weber. Aber der Arzt, Dr. Fisch, konnte nicht, weil selber fieberkrank. Am 21. sei wieder ein Bote von Akropong gekommen, um, wenn schon nicht den Arzt wenigstens den Br. Eisenschmid zur Hilfe zu holen. Der konnte aber die Verantwortung für die Behandlung von Schwarzwasserfieber nicht auf sich nehmen. So lässt sich Fisch hintragen. Kaum ist er weg, kommen Boten von Begoro und melden, „dass Frau H(uppenbauer) heftige Fieberanfälle mit Bewusstlosigkeit habe, Br. Fisch möchte doch kommen". Er jedoch konnte nicht. So sei sie fast auf den Tag genau ein Jahr nach ihrer Heirat am 21. Februar 1886 gestorben. – Und übrigens – genau an dem, wovor ihr Vater den jungen Missionar gewarnt hatte.

Anders als Schwager Karl Buck seinerzeit, der ob dem Tod seiner Lydia (geb. Huppenbauer) in schwere Klage und Zweifel fiel, ist Wilhelms Seele „stille zum Herrn". Aber es ergeht ihm nicht viel anders als jenem drei Jahr vorher: Auch er überlebt den Tod der Frau nicht. Einen Monat nach ihr - er weilt gerade in Accra, Osu-Christiansborg - rafft der Tod auch ihn dahin. Er wird in Osu, „zu Füssen des teuren Inspektor Prätorius"[86], begraben. Im Gegensatz zum Grab seiner Frau, das bis heute in Begoro gezeigt und in Ehren gehalten wird, ist sein Grab in Osu ohne Schmuck und Bezeichnung.[87]

*

[86] Heidenbote 1886 N° 6, S. 46.

[87] Jedenfalls konnten wir es bei unserer Suche 1979 nirgends auffinden. Seither habe ich gehört, es sei doch gekennzeichnet.

INDIEN 1908

THEODOR SAMUEL RITTER BV 1581

Sein Werdegang

Theodor Ritter ist Sohn einer Indien-Missionarsfamilie und am 28. Oktober 1877 in Udipi geboren. Als seine Eltern 1885 nach ihrem Urlaub wieder nach Indien ausreisten, musste er zurückbleiben und kam ins Knabenhaus der Mission nach Basel. Hier durchlief er die Schule bis zur 8. Klasse, wird im Betsaal des Missionshauses konfirmiert und absolviert von 1892-96 in Tübingen bei einem Optiker eine Lehre als Feinmechaniker. Nach seiner Militärdienstzeit wurde ihm bei einem Treffen zur Jahreswende ein Losungswort gezogen: „... ich habe dich auch zum Licht der Heiden gemacht, dass du seiest mein Heil bis an der Welt Ende". Das bewegt ihn dazu, sich wieder ernster mit dem Glauben auseinanderzusetzen. Mit 23, also 1900, meldet er sich zum Dienst in der Mission, wird aufgenommen, 1905 für Indien bestimmt, am 9. Juli 1905 durch seinen Onkel, Pfr. Werner in Unterweissach ordiniert und reist im Januar 1906 nach Indien, wo seine Eltern noch immer (in ihrem dritten Aufenthalt) tätig sind. Nach dem Sprachstudium arbeitet er bis 1910 in Udipi, wo er geboren war, und in den dortigen Aussengemeinden.

Bitte um Heiratserlaubnis

Nach zwei Jahren bittet er den Inspektor um Heiratserlaubnis. Er weiss genau, wen er angefragt zu haben wünscht: Hanni Hoch, die älteste Tochter des ehemaligen Indienmissionars M. Hoch, z.Z. in Basel tätig.

Udipi, 4. Mai 1908

> Sehr geehrter und lieber Herr Inspektor
> Der Grund meines heutigen Schreibens ist die Bitte um die Erlaubnis, mich mit Frl. Hanni Hoch, Tochter des Herrn Missionar Markus Hoch zu verloben und zu heiraten. Ich bin mir der Wichtigkeit dieses Schrittes wohl bewusst, da nicht für jeden Missionar die Wahl seiner Lebensgefährtin zum Segen seiner Missionstätigkeit geworden ist. Es wäre mir ein unerträglicher Gedanke, meinen Beruf als Preis für eine Lebensgefährtin geben zu müssen. So stehe ich heute vor der bangen Frage: Wir die Lebensgefährtin, um deren Hand ich mich anschicke zu fragen, zum Segen sein für mein berufliches u persönliches Leben? Deshalb erlaube ich mir auch, geehrter Herr Inspektor, Sie zu bitten, darauf zu dringen, dass die ärztliche Untersuchung eine gründliche u gewissenhafte sei.

Andererseits muss ich mich fragen: werde ich in geistiger u. leiblicher Hinsicht einer Lebensgefährtin das bieten können, was sie mit Recht von mir erwarten kann, u. bin ich es wert, einer solche edle Braut und Gemahlin zu bekommen? Unter dem Druck derartiger Erwägungen wäre ich nicht abgeneigt, die Entscheidung möglichst weit hinauszuschieben. Sehe ich aber mein Bedürfnis, so muss ich mit Bedauern sehen, dass ein längerer Aufschub die Gefahr für mich bedeutet, leiblich und geistlich Schaden zu leiden. So scheint es mir, dass es für mich nachgerade hohe Zeit wird, dass ich mich verheirate.
So will ich es denn, nicht ohne ernstliches Gebet u Selbstprüfung, wagen, Sie zu bitten, mir erlauben zu wollen, dass ich zwecks Verheiratung mit Frl. Hanni Hoch in brieflichen Verkehr trete u falls diese Erlaubnis gewährt wird, darf ich Sie wohl bitten, beiliegende Briefe an Herrn Miss. Hoch zu übergeben. Im Falle der Nichtgenehmigung steht es Ihnen natürlich frei, diese Briefe an mich zurückzuschicken.

Mein zweites Sprachexamen gedenke ich nach der Regenzeit zu machen.
Mit herzlichem Gruss u. Hochachtung

Ihr ergebener Theodor Ritter

Schon nach vier Wochen liegt die Bitte dem Komitee zur Behandlung vor (3. Juni):

§ 576 a (Spezialprotokoll): Das Komitee ist grundsätzlich damit einverstanden, wenn auch die Tochter des Mädchens einwilligt.

Dafür werden nun die Briefe nun an die Eltern Hoch weitergeleitet, die sie am Freitag vor Pfingsten, das heisst am 5. Juni 1908 erhalten. Etwas später antwortet Pfr. Hoch, der Brautvater:

Basel, den 16. Juni 1908

Herrn Insp. D. Th. Oehler

zu Handen des verehrl. Missionskomitees, Basel

Sehr geehrter lieber Herr Inspektor
Die Anfrage des Bruder Th. Ritter in Udipi um die Hand unserer Tochter Johanna haben wir Eltern am Freitag vor Pfingsten letzterer vorgelegt, und nachdem sie und wir mit ihr in den letzten zehn Tagen die Angelegenheit im stillem und gemeinsamem Gebet überlegt haben, kann ich Ihnen jetzt mitteilen, dass sie sich zu einem freudigen Jawort entschieden hat. Verschiedene Umstände, die sich in letzter Zeit aneinanderreihten und in denen sie göttliche Winke erkennen

zu dürfen glaubte, liessen sie zur Gewissheit über Gottes Willen kommen und gaben ihr die innere Freudigkeit zu diesem Schritte.

Auch wir Eltern können nicht anders als unsere freudige Einwilligung zu ihrem Entschlusse geben. Nicht nur bereitet es uns innige Freude unsere Tochter in den Dienst der Mission abgeben zu dürfen, wir sind auch durch den Gang, den diese ganze Angelegenheit genommen hat, zu der Gewissheit gekommen, dass der Herr unsere Tochter diesen Weg führt. Möge Er denn seinen Segen zu diesem in Seinem Namen geschlossenen Bunde geben.

Es folgen noch Referenzen (Pfr. E.Ecklin) und das ärztliche Zeugnis. Im Komitee-Protokoll wird am 17. Juni unter § 637 die Genehmigung gemeldet,

> dass Frl. Hanna Hoch, die Tochter von Hr. Pfr. M. Hoch dem Br. Ritter das Jawort geben will, unter Einwilligung ihrer Eltern, womit nach § 576 die Verlobung perfekt ist. Der Gesundheitszustand des Frl's ist nach dem ärztl. Zeugnis gut.

So sind sie nun also Braut und Bräutigam.

Brautwerbung

Wie es dazu kam, erzählt R. Gläsle ausführlich anhand der Erinnerungen ihrer Grossmutter.[88] Sie, Hanni Hoch, habe unerwartet einen Brief aus Indien erhalten. Darin habe sich der Missionar Ritter zuerst vorgestellt, von seinem ursprünglichen Beruf und seiner Ausbildung im Missionshaus berichtet. Dann fährt er fort, er habe nach Abschluss seiner Ausbildung und kurz vor seiner Ausreise einen Kirchenbasar in der Lukasgemeinde in Zürich besucht, weil deren Pfarrer ein erfahrener Indienmissionar gewesen sei (eben Mark Hoch). Er habe sich dort an den Tisch begeben, wo Kaffee und Schokolade ausgeschenkt wurde.

> „Dort wurde ich von einer jungen Frau bedient, deren Anmut mich sofort gefangengenommen hat. Ich habe mich dann ganz in der Nähe in eine verborgene Ecke zurückgezogen und mir von der jungen Frau noch viele Tassen Schokolade einschenken lassen. Mein Blick schweifte immer wieder zu der liebreizenden Frau hinüber."

Mit dem Bild dieser jungen Frau im Herzen sei er nach Indien ausgereist. Nur eines habe er von ihr gewusst: Sie sei die Tochter des Gemeindepfarrers Mark Hoch. Nach geltender Heiratsordnung der Basler Mission durfte er aber damals keinen Kontakt mit ihr aufnehmen. Nun aber habe er das Sprachstudium beendet, er beherrsche die Tulusprache. Und da habe er Freunde in Zürich gefragt, wo die

---

[88] R. Gläsle, *Pauline und ihre Töchter*, 2009, S. 149f

Familie Hoch wohne. Sie hätten die Adresse erfahren und herausgefunden, dass die Tochter Hanni noch ‚zu haben‘ wäre.

„Und so frage ich persönlich bei Ihnen an, ob sie bereit sind, zu mir nach Indien zu kommen, um als WegGefährtin an meiner Seite mitzuarbeiten.“

Der Angefragten, so berichtet ihre Enkelin, sei die Antwort nicht leicht gefallen. Aber als sie ihren Eltern davon erzählten, hätten die gestrahlt. Sie kannten die Eltern Theodor Ritters. Möglicherweise hatten sie auch den kleinen Theodor noch erlebt. Ihr Vater habe gesagt, „nach der Erfahrung deiner Eltern und Grosseltern, werden Ehen im ‚himmlischen Standesamt‘ geschlossen“. Und bald wurde das Ja zur Anfrage per Telegramm nach Indien gesandt.

Heirat in Indien

Im November 1908 tritt die Braut die Reise an. In Mangalore, wo sie selber Jahre zuvor geboren war, wird sie nicht etwa von ihrem Bräutigam abgeholt: Dort stehen dessen Eltern und eine Schwester. Erst in der Station Balmatha, ihrer alten Heimat, wartet er. Sie kommt sozusagen heim und zugleich in die Arme des Bräutigams.
Nach kurzem Aufenthalt in Mangalore – Zeit, um sich gegenseitig ein wenig kennen zu lernen – findet die Heirat am 4. Februar 1909 statt, gefeiert als ein eigentliches Familienfest mit der Familie des Bräutigams und in der Kirche, die der Grossvater der Braut, Gottlob Pfleiderer gebaut hatte. Darauf bezogen die beiden ihren Arbeitsort in Udipi, später in Puttur. Der erste Weltkrieg setzte ihrem Zusammenleben vorläufig ein Ende. Während Theodor im Lager Ahmednagar interniert wurde, kam Hanni mit den Kindern nach Belary, von wo sie nach 10 Monaten in die Schweiz zurückreisen konnte. Nach 18 Monaten kam auch Theodor zurück. Erst jetzt, 1919, zehn Jahre nach ihrer Heirat, lernt er auch seine Schwiegereltern Mark und Deborah Hoch kennen!

1928 konnte das Ehepaar wieder nach Indien ausreisen. 1937 kehren sie endgültig nach Europa zurück.

Bei uns zu Hause waren die Ritters immer gern gesehene Gäste. Onkel Theodor, der auch Auto fuhr, war immer für Überraschungen, und so auch für eine kleine Ausfahrt, gut. Auch wurde erzählt, im Schiff bei der langen Reise von oder nach Indien, sei er jeweils mit der Tante Hanni (der ältesten Schwester meiner Mutter) hin und her gesprungen, damit sie nicht seekrank werde.

*

CHINA

KARL MICHEL BV 2007

Herkunft und Werdegang

In Bornich (Hessen Nassau) ist Karl Michel als ältestes Kind des Schuh-machers und Landwirts Jakob Michel und der Marie Katharine geb. Römer am 27. Dezember 1889 zur Welt gekommen. Dort besucht er die Elementarschule, wird 1903 konfirmiert, sollte ein Handwerk erlernen. Weil sein Vater kurz vorher starb, war dies nicht mehr möglich. Er musste zuhause im kleinen Bauernbetrieb helfen. Mit 18 Jahren nimmt er an einem Baumwärterkurs teil und findet damit einen willkommenen Nebenverdienst.

Karl wurde früh mit der Mission bekannt und hatte schon in seiner Schulzeit den Wunsch, Missionar zu werden. Nach dem Tod des Vaters war daran nicht mehr zu denken. Erst als er 19-jährig war, regt sich dieser Wunsch wieder. Anfangs 1912 meldet er sich in Basel und wird als bald 23-Jähriger ins Missionsseminar aufgenommen. Der Ausbruch des 1. Weltkrieges verzögert seine Ausbildung. Im April 1920, nach der Rückkehr aus längerer Kriegsgefangenschaft, kann er zurückkehren und wird 1922 für China bestimmt.

Sogleich wird er zur Einführung in die chinesische Sprache zu einem früheren Chinamissionar in Bebersbach (Hessen-Nassau) geschickt. Dieser entlässt ihn im Sommer mit folgenden Bemerkungen:

> „Sein Charakter ist lauter wie ein Bergstrom. Ein trockener, köstlicher Humor belebt seine, im Verkehr etwas ungelenke Art. Eine Predigt gedanklich aufzubauen bereitet ihm keine wesentliche Schwierigkeit; ihre Darbietung ist fliessend, wenn auch noch allzu eintönig. Sein äusserst liebenswürdiges Wesen, das sich von von aller Berechnung des Effekts reinhält, gewinnt ihm bald die Herzen …"

Anfangs August wird er in Bornich ordiniert und einen Monat später im Betsaal des Missionshauses verabschiedet. In der Zwischenzeit hatte er sich nach einer Frau umgesehen. Von ihm selber aber erfahren wir darüber sehr wenig, auch nichts zu seinen Gründen oder seinem Verständnis der Heirat.

Eigenständiges Suchen

Im Unterschied zu früheren Jahren dürfen die jungen Missionare vor ihrer Ausreise zwar immer noch nicht heiraten, aber wenigstens sich verloben! So schreibt er am 12. August[89]

> „An das verehrliche Komitee der Basler Mission
>
> Verehrte liebe Herren
> Da es in letzter Zeit öfter gestattet wurde, dass ausziehende Brüder vor ihrer Abreise sich verloben durften, erlaube ich mir die Bitte, das Komitee möge auch mir die Genehmigung zur Verlobung erteilen. Die Jungfrau, mit der ich mich verloben möchte, ist Mathilde Hoch, Tochter des Herrn Missionars Pfarrer Hoch in Basel."

Während des Missionsfestes hatte er anlässlich eines Schwarzen Kaffees, bei dem sie servierte, Pfr. M. Hoch angefragt, ob er mit seiner Tochter Mathilde in brieflichen Kontakt treten dürfe. Diese Erlaubnis erhielt er denn auch. Als einige Tage später „Bruder Michel" zu den Eltern Hoch auf Besuch kam und Vater Hoch seiner Tochter den Grund dieses Besucht erklärte, war sie zutiefst erschrocken: „Nein, Nein, auf keinen Fall …" habe sie gerufen, schreibt sie später, sie habe mehrere Wochen innerlich dagegen angekämpft. „Nach etwa drei Wochen war ich bereit, Verbindung mit Karl Michel aufzunehmen, mein Wille war gebrochen: ich konnte und wollte!" worauf sie um eine persönliche Begegnung im Haus ihrer Schwester (Frau Missionar Ritter) in Ochsenburg bat.

Ein Briefwechsel bereitet die junge Frau auf dieses Treffen vor, sodass

> „wir uns am 11. August bei meiner lieben Schwester Hanni in Ochsenburg trafen, und ich Karl ein freudiges ‚Ja' geben konnte. Es folgten drei Tage der ersten Liebe in Bornich, dann noch im September einige wenige Tage in Basel – es war zu kurz, um sich kennen zu lernen. Am 8. September musste sich Karl in Marseille nach China einschiffen. Die Trennung und Abschied waren bitter, die hinter mir liegenden glücklichen Tage erschienen mir wie ein Traum. Erst in zwei Jahren sollten wir uns wiedersehen – unmöglich, was da die Herren vom Missions-Komitee von mir verlangten! Aber die Zeit verging rascher als vorhergesagt, schon nach 1 ¼ Jahren durfte ich die Reise nach China antreten" – schreibt die Braut.[90]

---

[89] Pers. Fasz. 2007, Karl Anton Michel, II Korrespondenzen. Und. R. Gläsle, *Pauline und ihre Töchter,* 2009.

[90] Leider nicht aus der Hand des Bräutigams, sondern aus Erinnerungen von Thilde Michel, geb. Hoch, Familienbesitz.

Heirat

Mit einer vierköpfigen Reisegesellschaft hatte Karl Michel am 10. Okt. 1922 Hongkong erreicht. Von dort begab er sich auf seine Station zum Sprachstudium. Innert Jahresfrist besteht er das erste Sprachexamen. Wie seine Braut im Januar darauf (1924) in Hongkong ankommt, darf er sie jedoch nicht selber abholen, weil er erst ein Jahr in China war! Sie, die Braut erinnert sich später:

> „Erst Ende Januar gab es ein Wiedersehen in Moyen mit dem Bräutigam, wo er schon seit Tagen auf meine Ankunft der Dschunke gewartet hatte. Es kam die erste Begegnung, dann Tage des Sichwiederfindens und Sichnäherkommens. Er hatte sich total anders entwickelt in diesen Monaten, ernst und still war er geworden. Ich wollte lustig und fröhlich sein und fand kein Echo bei ihm ...

Immerhin kann er sie nach Lokong begleiten, wo sie sich dem Sprachstudium zu widmen hatte. Erst als er im Juli 1924 auch das zweite Sprachexamen abgelegt hatte, war der Weg frei, eine eigene Familie zu gründen. Eigentlich musste man zu einer Ziviltrauung nach Kanton aufs deutsche Konsulat gehen, eine teure und mindestens vier Wochen dauernde Flussreise. Dies wollte Karl Michel umgehen. Es braucht viel Schreibereien, dass die schöne chinesische Heiratsurkunde anerkannt und legalisiert wird. Schliesslich werden Karl Michel und Mathilde Hoch durch einen chinesischen Mandarin am 12. Juli 1924 zivil getraut, und am 22. Juli findet die kirchliche Trauung statt.

Bis 1931 lebt und arbeitet das Ehepaar in China, und kehrt dann – mit drei Kindern - nach Europa zurück, wo Karl als Reiseprediger der Basler Mission in Darmstadt eingesetzt wurde.

*

HERMANN GLÄSLE

Bei seiner Heiratsgeschichte, wie bei der von Karl Michel, ist schnell zu erkennen, dass die Basler Mission nach dem 1. Weltkrieg ihre Heiratsordnung geändert hatte. Während der Kontakt mit jungen Frauen während der Seminarzeit nach wie vor verboten war, durften die jungen Missionare jetzt, sobald die Ausbildung abgeschlossen und die „Bestimmung“ ausgesprochen war, solchen Kontakt suchen und wenn sie wollten auch verlobt ausreisen (wie oben bei Karl Michel und Thilde Michel-Hoch, der jüngeren Schwester von Johanna Ritter-Hoch, deutlich geworden). Für die Heirat selber aller-

dings galt immer noch, dass sie erst nach bestandenem Sprachexamen möglich sei.

Herkunft

Hermann Gläsle ist am 7. Januar 1904 in Ebingen als zweitjüngster Sohn in eine grosse Arbeiterfamilie geboren worden. Ebendort besuchte er 8 Jahre die Volksschule und konnte darauf eine Lehre als Schriftsetzer antreten. Früh verlor er seinen Vater. Seine Mutter, ursprünglich katholischer Konfession, habe ihre Kinder alle zu lebendigen Christen erzogen. Schon in der Sonntagsschule kam er mit der Mission in Berührung und dachte daran, Missionar zu werden. Später im Jünglingsverein und im CVJM meldet sich diese Neigung wieder.

1925 meldet er sich, 20-jährig, und wird in die Basel Mission aufgenommen. Um die sechs Jahre dauerte die Ausbildung, also bis 1932. Noch vorher kommt es im grossen Park dort, wo die Brüder während der Woche immer auch mitzuarbeiten hatten, zur denkwürdigen Begegnung. So hat er später darüber erzählt [91]:

Ein einziger Blick

An einem warmen Herbsttag 1930 geht Hermann G. im Missionsgarten spazieren. Auf einem der Wege, die die grosse Gartenanlage durchziehen, kommt ihm eine junge Frau entgegen.

> „Für einen ganz kurzen Augenblick begegneten sich unsere Blicke und ich wusste sofort, dieses liebreizende Wesen soll einmal meine Frau werden. Wenige Tage später war ich von Inspektor Huppenbauer zum Mittagessen eingeladen. Als ich ins Esszimmer eintrat, war mir, als würde ich vom Blitz getroffen. Da stand die Frau, die mir seit der Begegnung auf dem Gartenweg nicht mehr aus dem Sinn gegangen war. Ich hörte aus weiter Ferne, wie die Stimme der Hausfrau alle Anwesenden vorstellte und sagte: Das ist Thilde Ritter, unsere Nichte, die bei uns im Haushalt mithilft. Ihre Eltern sind derzeit als Basler Missionare in Indien tätig."

In seiner Aufregung habe er den Namen als „Hilde Ritter" aufgenommen. Das aber musste noch sein Geheimnis bleiben, denn für die Zeit der Ausbildung galt unverrückbar: Kein Kontakt mit Weibspersonen! Als er nun zwei Jahre später (1932) durch das Komitee erfuhr, dass er für China bestimmt sei – er wäre eigentlich lieber nach Borneo ausgezogen – da sei er auf schnellstem Weg zu Inspektor Huppenbauer geeilt und habe ihn nach der „Hilde Ritter" gefragt, woraus der ihm

[91] Rosmarie Gläsle, a.a.O. S.189

lachend gesagt habe, er meine wohl die „Thilde Ritter“, sie sei aber inzwischen in Waiblingen in Ausbildung – und die sei übrigens noch zu haben.

Nach kurzem Briefkontakt sucht er sie nun dort. Bei Bekannten in der Gegend kommt es nach einigen Schwierigkeiten zum Treffen der beiden. Sie erzählen sich gegenseitig aus ihren so verschiedenen Leben. Nach einiger Zeit habe Hermann Gläsle die Mathilde Ritter gefragt:

> „Und nun bin ich hier und will fragen, ob sie sich vorstellen können und bereit sind, als meine Frau mit nach China zu kommen.“

Und – ganz erstaunlich, die junge Frau sagt sofort JA, weil sie gewusst habe, dass dies Gottes Wille sei, will aber trotzdem ihre Eltern in Indien um ihre Zustimmung bitten. Hermann seinerseits unternimmt in Basel die nötigen Schritte: In einem ganz kurzen Schreiben – ohne jede weitere Begründung, bitte er den Direktor (K. Hartenstein) um Erlaubnis, sich mit Mathilde Ritter, Tochter des Ehepaars Ritter in Indien, verloben zu dürfen. Die Erlaubnis wird ihm erteilt. Und er kann auf der Reise nach China in Indien einen Zwischenhalt einlegen, um dort seine ihm bis dahin unbekannten Schwiegereltern (Th. und H. Ritter-Hoch) kennen zu lernen. Seine Braut begibt sich derweilen nach Basel in einen Schwesternkurs für Missionsbräute, darauf zu ihrer Tante Mathilde Michel-Hoch, die ihr Einblicke ins Leben einer Missionsfrau in China geben kann.

1934 kommt auch für die Braut die Zeit der Ausreise. Im Spätsommer feiern die Familien Gläsle und Ritter (die Eltern Ritter waren auf Urlaub in Europa) eine „Vorhochzeit“. Nachdem Hermann in Basel gemeldet hatte, dass er die Sprache beherrsche und nun bereit sei zu heiraten, machte er sich aus der Guandong Provinz auf den Weg nach Hongkong, um dort seine Braut abzuholen. Dem stand – anders bei Karl Michel 10 Jahre früher, nichts im Weg.

In Kowloon fand 14 Tage nach Ankunft der Braut, im Nov. 1934, die richtige Hochzeit der beiden statt.

*

KURZER KOMMENTAR

Die hier zusammengetragenen Heiratsgeschichten deuten unter anderem auch ein Entwicklung im Denken der Missionsleitung und daher auch Veränderungen in den Grundsätzen der Gesellschaft an. Dazu möchte ich einige Bemerkungen anfügen. Zunächst aber dies:

DAS BEFINDEN DER MÄNNER

Es gibt in den Archivbeständen in Basel wenig Schriftstücke von Männern, die in ihre Befindlichkeit als Ledige oder als Bräutigam Einblick geben. Die Korrespondenz des David Huppenbauer mit seiner Lydia bildet da eine Ausnahme – weil sie aus dem Familienbesitz ins Missionsarchiv übergeben wurde. So grundsätzliche Überlegungen zum Ledig- oder Verheiratet-Sein wie bei K. Buck finden wir sonst kaum. Und die längeren Beschreibungen etwa eines Theodor Ritter und Hermann Gläsle sind über die Erinnerungen ihrer Frauen erhalten. Vielleicht liessen sich noch ein paar Zeugnisse darüber in den an Blumhardt, Josenhans und andere Inspektoren gerichteten Briefbeständen finden. Es macht aber den Anschein, dass die jungen Männer im Mitteilen solcher Empfindungen sehr zurückhaltend gewesen sind – vielleicht weil es, wie die Russlandbrüder und etwas später auch Sessing es beklagen, an dem dafür notwendigen tiefen Vertrauen zu den Vorgesetzten fehlte? Insofern ist die heftige Auseinandersetzung der Russlandbrüder mit ihrer Committee, die immerhin Anlass für ein Um- und Weiterdenken der Missionsleitung gab, doch ausserordentlich wichtig gewesen.

NACH DEM VORBILD DES PAULUS

So überrascht und in Bedrängnis gebracht, wie die Komitee-Herren nach den ersten Anfragen um Heiratserlaubnis der Russland-Missionare waren, kann es nur heissen, dass sie mit solchen Wünschen schlichtweg nicht gerechnet hatten. Im Vorfeld der Aufnahme ins Missionsinstitut ist zwar nie davon die Rede, dass ein Missionar ledig sein müsse. Das war während der ersten fünf Jahre des Basler Missionsinstituts auch nicht möglich, weil darüber die Missionsgesellschaften in England oder Holland zu befinden hatten. Nur, dass während der Ausbildungszeit kein Kontakt mit „Weibspersonen" erlaubt war, das galt. Die Beobachtung der Frau Pauline Hoch-Ecklin: „Immer mehr jüngere Missionare hatten das Ideal, wie Paulus unverheiratet zu leben, aufgegeben. Sie baten das Komitee, ihre Familien oder den Freundeskreis in der Heimat stellvertretend für sie eine Braut zu suchen," zeigt im Rückblick aus den 1850er Jahren an, dass ursprünglich an einen Missionsdienst in zölibatärer Form gedacht worden war. Das gilt vor allem für die kurze Periode, in der das Komitee an eine „Mission nach Apostels Weise" dachte.[92]

Bei dieser Vorstellung von Mission durch „einfache Wanderprediger", ohne festen Wohnsitz, höchstens einem „Zufluchtsort" für gelegentlichen Rückzug, ist der Verzicht auf die Heirat einleuchtend, denn den Frauen hätte man ein solches Leben ja niemals zutrauen wollen. Verzicht auf Heirat also ein Grundsatz zum Schutz der Frau! Unverkennbar ist aber, dass dies nicht der einzige Grund war. Mindestens ebenso stark, wenn auch nicht ausgesprochen, scheint das finanzielle Argument gewesen zu sein. Solche „einfache (und unverheiratete) Wanderprediger" waren billiger. Gestützt wird das durch die Bemerkung N. von Brunns gegenüber J.F. Sessing, die Kaufleute im Komitee, seien gegen die Verheiratung gewesen. Genau dies haben die Russlandmissionare aus den ersten Antworten auf ihre Anfragen herausgelesen. Ganz besonders deutlich in Zarembas Antwort auf Blumhardts Zweifel, dass Dittrichs Brief die Meinung aller Brüder sei: Sie hätten tatsächlich in den Bestimmungen von 1823 eine Tendenz der „sorgenvollen Überwachung einer Casse" gesehen. Geradezu zynisch aber mutet die Bemerkung eines dieser Kaufleute im Komitee an, ihre Leute müssten schliesslich auch ledig ausreisen – denn alle wussten ja, was sie nachher als ledige Europäer in Afrika oder anderswo taten.

Trotzdem muss es auch schon sehr früh eine – vielleicht nur inoffizielle – Weisung gegeben haben, dass ein Missionar nach zwei Jahren die Bitte um Heiratserlaubnis äussern könne. Dittrich pocht auf ein solches, ihm gemachtes Versprechen (was einzelne Komiteemitglieder in Abrede stellen), und es wird durch Missionar Fletnitzer 1825 vor seiner Abreise nach Russland bestätigt. Auch Blumhardts erste Frage an Sessing vor der Bestimmung für Afrika (ob er zwei Jahre ledig sein könne), ist ein weiteres Beispiel dafür.

HEIRATSVERORDNUNG VON 1825

Während das Komitee vor der Rückkehr A. Dittrichs in Sachen Heirat noch sehr zurückhaltend und misstrauisch war, hat sich nach den Besprechungen mit ihm im Herbst 1824 einiges in der Ansicht des Komitees verändert. Denn jetzt wird der Wunsch nach Verheiratung plötzlich als legitim beurteilt. Auch das sei ein „wichtiges Bedürfnis unserer Missionssache"; und „nicht jedem ist die Gabe der Enthaltsamkeit gegeben." Es wird anerkannt, dass die Verheiratung durchaus positive Wirkung auf das Werk des Missionars haben kann. Die Einschränkungen dabei

[92] Vgl. dazu die Russlandbrüder!

dienen – so ihre Vorstellung – vor allem dem Schutz der Frau. Nur das Verbot der Beziehung zum andern Geschlecht während der Ausbildungszeit bleibt bestehen. Dahinter steckt wohl die Meinung, dass sonst der Zögling seinen Eifer für die Sache des Herrn und seines Weinbergs vernachlässigen möchte. Eine Meinung, die bis in die 50er-Jahre des 20. Jahrhunderts sich fortsetzte.

Auch macht es den Anschein, dass man sich nach 1825 im Seminar immerhin die Mühe gab, mit den Zöglingen über Fragen die Sexualität betreffend ins Gespräch zu kommen. Jakob Sessings verrät dies in seinem Tagebuch 1827 vor seiner Ausreise nach England, macht aber auch deutlich, dass Herr Blumhardt nicht der Mann sei, solche Gespräche zu führen.

Aber obwohl im Grundsatz die Verheiratung der Missionare mit der Generalinstruktion von 1825 möglich und geregelt war, legen die Herren Vorsteher dem inzwischen bald 30-jährigen Missionar Sessing immer neue Hindernisse in den Weg, die seine Heirat verhindern, oder wenigstens hinauszögern sollten, bis hin zu so fragwürdigen Bemerkungen, er solle 1829 (d.h. nachdem er zwei Jahre in Liberia gearbeitet hatte) lieber ledig wieder ausreisen, da er ja nicht wisse, ob er das Klima überleben werde.

BRAUTSUCHE DURCH DAS KOMITEE

Auf die Frage, welches wohl die erste durch das Komitee vermittelte Braut gewesen sei, habe ich bis jetzt keine klare Antwort gefunden. Wieder gibt die Bemerkung der Pauline Hoch-Ecklin in den 1850er-Jahren, dass immer mehr Missionare neben ihren Familien auch das Komitee gebeten hätten, stellvertretend für sie eine Braut zu suchen, einen Hinweis. Sie sagt dies im Rückblick, offenbar in der Annahme, dass das vorher auch geschehen ist. Missionar Kindlinger in Indien war wohl der erste, der 1822 das Komitee um diesen „Elieserdienst", wie man es nannte, gebeten hatte. Nur hat es bei ihm in keiner Weise funktioniert. Der nächste, bei dem es möglich gewesen sein könnte, ist Johannes Gerber, in englischem Dienst in Sierra Leone, dem 1828 seine zweite Frau gestorben war, und der nun wieder auf der Suche war. Sessings Schwester Leonore geht mit ihm die Verbindung in die Ehe ein, möglicherweise durch Vermittlung des Komitees; aber eingefädelt durch Sessing selber, der seine beiden Schwestern ursprünglich mit nach Afrika nehmen wollte, weil sie beide auch auf dem Weinberg des Herrn in der Heidenwelt tätig sein wollten.

Unter den in dieser Sammlung präsentierten Fällen sind es jedoch immer die Missionare selber oder deren Familien, die sich auf die Suche machen resp. die entsprechenden Anfragen stellen – natürlich immer unter möglichst genauer Respektierung der Vorschriften der Missionsleitung, dass kein Bruder ohne die Einwilligung des Komitees solche Schritte unternehmen dürfe.

Hier muss auch eingefügt werden, dass hinter dem Wunsch nach Verheiratung der Missionare nicht nur deren sexuelle Nöte zu suchen sind, wie es die beiden Russland Missionare Benz und Hohenacker vorzugeben scheinen, sondern wesentlich mehr. Missionar Kindlinger schreibt dies sehr schön: Ihm gehe es in seiner Einsamkeit zunächst um einen Freund, mit dem er alles teilen kann. Er habe zwar in Christus alles, was er brauche, aber manchmal sollte es doch ein sichtbarer Freund sein, nicht nur der unsichtbare! Und dann merkt er: Es geht auch um mehr als den Freund, es geht recht eigentlich um die „Gehilfin", mit der er alles teilen könne. Eben das finden wir dann auch in der Begründung des Mark Hoch: Er könne seinen Wunsch nicht besser begründen, als es die heilige Schrift selber tue: Er suche die ihm von Gott zugeteilte Gehilfin. Ähnlich auch bei Karl Buck, dem es um die Person geht, die alles mit ihm teile. Noch etwas weiter geht David Huppenbauer im Brief an seine Braut Lydia: In jedem jungen Mann stecke, durch Gottes Schöpfung so gegeben, der Wunsch nach einem Gegenüber, ein „Sehnen und Verlangen nach einem zweiten Ich, nach einer Persönlichkeit, einer Seele, die ihm verwandt, ihn ergänzt, die er lieben darf wie sich selbst, und von der er sich geliebt weiss". Leider haben wir kaum ähnliche ausführliche Briefwechsel eines jungen Missionars mit seiner Braut wie bei ihm.

VOR UND NACH WELTKRIEG I

Zwischen den Zeilen der Berichte aus dieser Zeit lassen sich auch gewisse Veränderungen feststellen. Zwar gilt nach wie vor: Kein Kontakt der Brüder mit jungen Frauen – obwohl sie denen ja bei ihren Besuchen zu Stadt und Land immer wieder begegneten. Aus der Sicht der Frauen hiess das: „Schwestern schlagt die Augen nieder, um die Ecke kommen Brieder"[93]. Was das für sie bedeutete zeigen die Berichte von Theo Ritter und Hermann Gläsle: Alles versteckt im Herzen behalten, bis der Moment gekommen ist.

Während aber für Theodor Ritter – vor dem Weltkrieg – das Warten bis nach den zwei Jahren Dienst in Indien dauerte, stellen wir bei Karl Michel und Hermann Gläsle (1923 und 1932) fest, dass sie noch vor der Ausreise sich eine Braut suchen resp. eine junge Frau im Blick auf weiteren Kontakt anfragen können. Heiraten, dabei bleibt es, geht erst nach zwei Jahren. Und während ein K. Michel seine Frau

93 So von meiner Mutter in ihren Erinnerungen erzählt.

nicht schon in Hongkong abholen darf, ist dies für H. Gläsle möglich. Also auch feldintern gibt es Unterschiede.

VERLIEBT SEIN

Sehr auffallend ist für uns, wie diese Leute, Braut wie Bräutigam, von der Liebe reden. Zwar kann es geschehen, dass nach einer ersten Begegnung irgendwann und irgendwo eine Erinnerung bleibt, die später hervorgeholt (oder vergessen) wird – aber eine innere Beziehung ist es nicht, die zur Anfrage um die Hand einer Tochter führt, sondern in der Regel sachliche Umstände, und eben, dass für die Umgebung ein Mann verheiratet sein sollte.

Umso mehr erstaunt, wie schnell dann die Liebe wächst. Sobald einmal die Angefragte ihr JA gesagt hat, beginnt die Liebe, ist sie „meine innig geliebte Braut". Liebe gibt es also erst, wenn sie erlaubt ist. Am eindrücklichsten wohl in der Äusserung Karl Bucks über den Grund, „ weshalb er sich gerade jetzt verlieben" wolle. Vielleicht sind gerade darum die Argumente, die den Grund des Heiratswunsches (ausser bei den beiden Russlandbrüdern Benz und Hohenacker) so sachlicher und wirtschaftlicher Natur, weil die Liebe erst anfangen kann, wenn die Verbindung erlaubt und bestätigt worden ist.

Aber ebenso auffallend und bemerkenswert ist doch, wie tief die Liebesbeziehung, die ja ursprünglich so unerotisch begründet war, später ist, und wie stark die gegenseitige Bindung wird – so stark, dass ein Wilhelm Huppenbauer wenig Wochen nach seiner Frau auch stirbt, oder ein Karl Buck mit dem Tod seiner Lydia jeglichen Boden unter den Füssen und seinen Glauben verliert, krank wird und daran stirbt. Eine Liebe also, die sich durch den Tod überhaupt nicht will scheiden lassen!

UND NACHHER?

Vermutlich haben diese Einschränkungen erst nach der Auflösung des Seminars ein Ende genommen, und bestimmt mit den durch den neuen Präsident Jacques Rossel verursachten gesamten Veränderungen. Allerdings berichtet ein ehemaliger Missionar aus der Ära nach dem Zweiten Weltkrieg: Auch in ihrer Zeit habe man sich um die so persönlichen Fragen der Seminaristen wenig oder gar nicht gekümmert. Und aus eigener Erfahrung weiss ich, dass mir 1954 der damalige Präsident Alphons Köchlin zu meiner Verlobung nicht etwa gratuliert und alles Gute wünschte, sondern vor allem seine Sorge aussprach, verlobte Studenten dächten nur noch an die Frau und nicht mehr ans Studium. Womit er völlig daneben lag.

Bis die Frau aber nicht nur als Anhängsel ihres Mannes in den Missionsdienst ausreiste, sondern einen eigenen Vertrag und konkrete Aufgaben mitnahm, ging es noch einmal eine Reihe von Jahren[94] – bis schliesslich auch in einigen Fällen die Frau den eigentlichen Vertrag hatte und der Mann als „Anhängsel" mit speziellem Auftrag mitreiste.

*

[94] Ein entsprechender Entwurf wurde am 8. Dez. 1988 den Mitarbeitenden zur Vernehmlassung zugesandt und nachher auch angewendet.

LITERATUR

Personen-Faszikel der betr. Missionare im Basler Missionsarchiv
Komitee-Protokolle der betr. Jahre im Basler Missionsarchiv
Dokumente aus Familienbesitz
Gläsle, Rosmarie: *Pauline und ihre Töchter,* Erlangen 2009
Huppenbauer, David: *Karl Buck,* ca 1892
Huppenbauer, Hanns Walter: *Wenn der Missionar Bräutigam wird,*
Huppenbauer, Hanns Walter: *Höchstes Ziel – Missionar werden,* 2006
Huppenbauer, Hanns Walter: *Fernweh nach Afrika,* 2009/10
Huppenbauer, Hanns Walter: *Die Not ums Heiraten – wenn junge Missionare heiraten wollen,* 2014
Miller, Jon: *Missionary Zeal and Institutional Control,* London 2003
Ratdke, Karl Heinz: *Die Kirche nicht im Dorf lassen,* 1981

*

Bildernachweis

S. 76 QS-30.001
S. 94 QD-30.001.009
S. 97 QS-30.002
S. 101 Familienarchiv
S. 107 QS-30.001
S. 115 Familienarchiv

*

INHALT

Printed by Books on Demand GmbH, Norderstedt / Germany